Jens Goldelius

Umstellung von Client/Server- auf Terminalserverarchitektur: Eine Wirtschaftlichkeitsanalyse

IGEL Verlag

Goldelius, Jens

Umstellung von Client/Server- auf Terminalserverarchitektur: Eine Wirtschaftlichkeitsanalyse

1. Auflage 2009 | ISBN: 978-3-86815-189-3

Die Deutsche Bibliothek verzeichnet diesen Titel in der Deutschen Nationalbibliografie. Bibliografische Daten sind unter http://dnb.ddb.de verfügbar.

IGEL Verlag

Inhaltsverzeichnis

Abbildungsverzeichnis

Tabellenverzeichnis

1. Einleitung

Seit der Ablösung des hostbasierten Netzwerkparadigmas durch Personal Computer (PC) in den 80er Jahren, steigen die Anforderungen an die Desktop-PC's. Immer höhere Leistung der Hardware, aber auch eine hohe Anzahl an Programmen, mit immer höheren Systemanforderungen ließen die PC's zu sehr leistungsfähigen Rechnern werden. Doch mit der Leistung stieg auch die Komplexität der Systeme. Diese Komplexität macht es den Administratoren schwer, das Netzwerk zu kontrollieren und zu supporten. Dies ist vor allem durch die Größe und Menge der clientseitigen Software und durch heterogene Umgebungen bedingt, in denen die Softwareversionen schwer aktuell und einheitlich zu halten sind. Dadurch werden PC-basierte Netzwerke immer schwieriger zu administrieren und Change Management-Prozesse somit immer schwieriger umzusetzen.

Seit einiger Zeit wird daher in der IT-Presse immer häufiger das Thema Terminalserver-Systeme bzw. das synonym verwendete Server Based Computing (SBC) als Alternative zur klassischen Client/Server-Architektur diskutiert. Gemeint sind Betriebssystem-Plattformen, die es ermöglichen die clientseitigen Anwendungen auf einem zentralen Server zu betreiben und lediglich Tastatur- und Mauseingaben sowie das Bildschirmbild zwischen Client und Server zu transportieren.

Antrieb sich für diese Technologien zu interessieren sind vor allem wirtschaftliche Gründe, aber auch Stabilität und Verfügbarkeit der Systeme.

Von den Herstellern und den Analysten werden erhebliche Kosteneinsparungsmöglichkeiten suggeriert, die daraus resultieren sollen, dass eine zentrale Administration möglich ist und so keine Verteilung der Software auf die einzelnen Clients erfolgen muss.

Diese Studie beschäftigt sich mit der Wirtschaftlichkeitsanalyse einer Umstellung von der klassischen Client/Server-Technologie auf die Terminalserver-Technologie.

Es konkurrieren also die Entscheidung für die Beibehaltung der bisherigen Client/Server-Architektur und die Entscheidung für eine Umstellung auf die Termialserver-Architektur.

Da im Bereich klassischer Office-Anwendungen das größte Einsparungspotenzial zu erwarten ist, beschränkt sich diese Studie auf diese Art von Anwendungen.

Es wird untersucht, ob sich durch eine Umstellung wirklich erhebliche Einsparungen und dadurch ein höherer Nutzen ergibt. Dabei wird nicht nur die Kostenseite betrachtet, sondern auch der nicht quantifizierbare Nutzen der Entscheidung, wie zum Beispiel die Akzeptanz der Benutzer.

Häufig werden nur monetär messbare Aspekte in IT-Projekten betrachtet. In dieser Studie soll darüber hinaus auch der nicht direkt messbare Nutzen betrachtet werden. Dazu zählen u.a. Akzeptanz der User sowie Performance- und Verfügbarkeitsaspekte. Dem nicht messbaren Nutzen wird sich mit Hilfe der Methodik der Nutzwertanalyse genähert.

2. Grundlagen / Begriffsabgrenzungen

2.1 Netzwerkumgebungen

2.1.1 Überblick

Folgende Umgebungen werden unterschieden:[1]

- Host-Umgebungen
- Unix-Umgebungen
- Fileserver-Betrieb
- Client/Server-Umgebungen
- Network Computing
- Terminalserver-Umgebungen

Diese Studie beschränkt sich auf die in fast jedem Unternehmen zu findende Client/Server-Architektur und die Terminalserver-Architektur als mögliche Alternative dazu. Diese Alternativen werden daher auch im weiteren Verlauf der Ausarbeitung betrachtet.

2.1.2 Klassische Client/Server-Architektur

Technische Grundlagen

Bei Client/Server-Architekturen liegen die Daten auf einem zentralen Server und die Applikation befindet sich auf einem Client. Der Client stellt eine Anfrage an den Server und wird vom Server mit Daten bedient. Die häufigsten Anwendungen sind Datenbankabfragen. Der Client sendet eine Anfrage (meist in der Datenbankabfragesprache SQL) an den in dem Netzwerk installierten Datenbankserver und erhält von diesem die gewünschten Datensätze. Hier werden je nach Abfrage viele Datensätze über das Netzwerk transportiert. Der größte Teil der Logik und die grafischen Aufbereitung der Daten befindet sich jedoch auf dem Client.[2]

---

1 Vgl. Dreyer, C. (2002), S. 29.

2 Vgl. Dreyer, C. (2002), S. 32f.

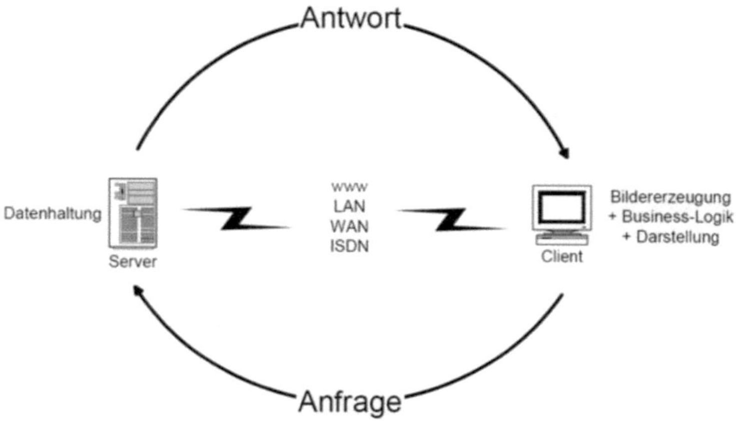

Abb. 1: Client/Server-Prinzip

Vorteile

Der größte Vorteil der Client/Server-Technologie ist die Aufteilung von Daten und Logik. Der Server wird also mit eventuell aufwendigen Berechnungen der Businesslogik nicht belastet. Er ist für das Zusammenstellen der Daten zuständig. Die Businesslogik und die grafische Darstellung wird von jedem einzelnen Client übernommen. Es wird von dem Prinzip der Lastverteilung gesprochen.[3]

Nachteile

Der größte Nachteil dieser Architektur liegt in dem hohen Aufwand für die Administration. Jeder Client muss immer mit der aktuellsten Version der Software ausgestattet sein. Change Management-Prozesse können daher sehr aufwendig sein. Auch wenn es mittlerweile gute Werkzeuge für die Verteilung von Software gibt, können einige Einstellungen nicht über das Netz durchgeführt werden, so dass jeder einzelne User von Hand bedient werden muss.[4]

---

3 Vgl. Brüggemann, T. (2003), S. 16ff.

4 Vgl. Wikipedia (2005b), o. S.

Da der Client sehr viel der Business-Logik übernimmt, kann durch steigende Systemanforderungen bei einem Releasewechsel ein Austausch der Hardware erforderlich sein. Ein weiterer Nachteil ist, dass den Benutzern die Freiheit gelassen wird, die Daten zentral oder lokal abzuspeichern. Weiterhin besteht, wenn auch häufig durch das Betriebssystem bereits eingeschränkt, die Möglichkeit Software zu installieren oder auch Einstellungen vorzunehmen.

Je nach Intelligenz des Designs der Anwendungen, werden mehr oder weniger aufwendige SQL-Abfragen an den Server gesendet, die auch entsprechend viele Datensätze zurückliefern, die meist nicht alle benötigt werden oder angezeigt werden können. Wünschenswert wäre nur ein Transport der benötigten oder darstellbaren Datensätze, um das Netzwerk nicht unnötig zu belasten. Fordert ein Benutzer die nächste Bildschirmmaske an, so werden die nächsten Daten abgefragt.[5]

2.1.3 Terminalservertechnologie

Das Grundprinzip der Terminalserver-Architektur oder des synonym dazu verwendeten Begriff des Server Based Computing ist die zentrale Installation der Anwendung auf einem zentralen Server und der Übertragung der Bildinformationen zum Client. Tastatur- und Mauseingaben werden auf dem gleichen Weg zum Server übertragen. Zum besseren Verständnis, kann die Vorstellung eines sehr langen Maus-, Tastatur- und Monitorkabels dienen.

Geschichte

Die Idee des Server Based Computing geht auf das X Window-System zurück. 1984 von MIT entwickelt, unterstützte es die Möglichkeit von X Windows-Clients aus die Rechenleistung von UNIX-Servern zu nutzen und dabei nur Bildschirm-, Maus- und Tastaturinformationen zu übertragen. Die Firma Citrix in Fort Lauderdale hat sehr früh (1989) den Bedarf an der Terminalserver-Technologie erkannt und entwickelte den ersten Terminalserver. Der Gründer Ed Iacobucci hatte die Idee, dass unterschiedliche Computer auf die gleichen Anwendungen zugreifen könnten, ohne das gleiche Betriebssystem zu haben. Es wurde die Basistechnolo-

---

[5] Vgl. Dreyer, C. (2002), S. 33.

gie für den Terminalserver entwickelt, das so genannte MultiWin. Es setzte auf IBMs OS/2 auf und konnte mehrere Desktopsessions parallel betreiben.

1993 brachte Citrix ihr erstes Multiuser-Betriebssystem auf den Markt, das so genannte WinView.[6]

Jedoch erst durch die Offenlegung des Quellcodes von Windows NT 3.51 durch Microsoft, entwickelte Citrix ein Mehrbenutzerbetriebssystem mit dem Namen WinFrame. Diese Technologie wurde 1997 von Microsoft aufgekauft und als Windows NT 4.0 Terminal Server Edition (TSE) vermarktet.[7]

Bis dato führten die Terminalservices ein Nischendasein und wurden erst durch den Einsatz von Microsoft bekannt.[8]

Windows TSE war allerdings nicht ganz identisch mit der Citrix-Technologie. Microsoft nutzte das eigene RDP-Protokoll an Stelle des ICA (Independent Computing Architecture)-Protokolls von Citrix. Mit der Verwendung von RDP war der Anwender clientseitig auf das Betriebssystem Windows festgelegt.

Um dieses Problem zu lösen veröffentlichte Citrix im Jahre 1998 MetaFrame, was kein eigenes Betriebssystem ist, sondern auf MS Windows NT 4.0 TSE aufsetzt. MetaFrame verwendet das citrixeigene ICA-Protokoll und ist so clientseitig unabhängig von Microsoft.

Durch stetige Weiterentwicklungen bietet es viele Funktionalitäten, die über die Basistechnologie von Microsoft hinaus gehen. Dazu gehören Lastenverteilung über ganze Serverfarmen sowie Anwendungs- und Usermanagement.[9]

---

6 Vgl. Kaplan, S., Mangus, M. (2001), S. 53.

7 Vgl. Dreyer, (2002), S. 27ff.

8 Vgl. Taschkow, N. (2004), o.S.

9 Vgl. Kaplan, S., Mangus, M. (2001), S. 55f.

Anbieter von Terminalservertechnologien

Citrix ist mit 77% Marktanteil mit Abstand der Marktführer im Terminalservergeschäft.[10] Daher wird bei der Berechnung und Beschreibung der Eigenschaften immer von einer Umstellung auf Citrix Produkte ausgegangen. Zwar setzt die Citrix MetaFrames Access-Produktlinie auf der Multiuser-Fähigkeit von Microsoft Server Betriebssystem auf, jedoch liefert nur Citrix die Zusatzprogramme mit, die eine Administration und den Webzugriff auf Anwendungen erst möglich machen.[11]

Als weitere Anbieter seien hier GraphOn, Jetro Platforms, NeTraverse und Tarantella genannt.[12]

Technische Grundlagen

Die Darstellung der Oberfläche wird auf einem Terminalserver realisiert und lediglich die Bildschirminformationen werden zum Client übertragen. Auf dem umgekehrten Wege werden Tastatur- und Mausinformationen zum Terminalserver gesendet.

Die Programme werden also nicht auf einem Client, sondern auf dem Server ausgeführt. Auf dem Client muss lediglich ein Terminalserver-Client installiert sein, der die Verbindung zum Server aufbaut und die Bildinformationen darstellt (vergleiche Abb.).

Dies setzt voraus, dass jedem User ein eigener „ Bereich" auf dem Server zur Verfügung steht, im dem seine Anwendungen ausgeführt werden. Das Betriebssystem muss also die Trennung der Prozesse, des Speichers und die Abgrenzung von Berechtigungen realisieren. Jeder Benutzer besitzt einen eigenen Rechtekontext mit Programmen, die er ausführen darf.[13]

Weiterhin bieten SBC-Lösungen den Vorteil, dass Anwendungen auch über das Internet bereitgestellt werden können. Die z.B. vom Hersteller

---

10 Vgl. Rosal,C. (o. J.), S. 17

11 Vgl. Schüler,P. (2005), S. 179.

12 Vgl. Network Computing (2005), o.S.

13 Vgl. Dreyer, C. (2002), S. 34.

Citrix angebotene Citrix Web Portal Technologie bietet die Möglichkeit Anwendungen, die zentral auf einem Server bereitgestellt werden, über jeden beliebigen Internetbrowser von intern oder extern zu nutzen.[14]

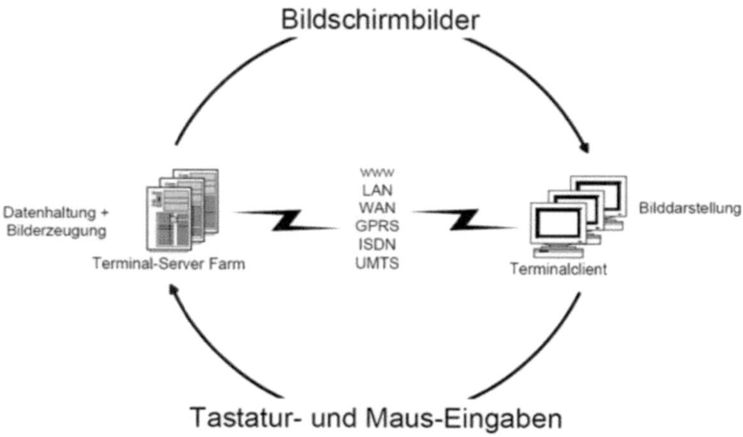

Abb. 2: ***Terminalserverprinzip***

Eine Untersuchung von Gartner Inc. ergab, dass bereits im Jahre 2004 die Server Based Computing-Lösungen marktreif waren. Dies geht aus einer sog. HypeCycle-Studie hervor (vergleiche dazu Hype_Cycle im Anhang A.3).[15]

Das Independent Computing Architecture-Protokoll(ICA)

Das ICA-Protokoll wurde von Citrix entwickelt und kam erstmals 1998 im MetaFrame-System zum Einsatz.

Die Bildschirm-, Maus- und Tastaturinformationen werden über das ICA-Protokoll übertragen. Da das Protokoll weniger als 5 Kbit/s an Bandbreite benötigt, um die Eingaben zu übertragen, reichen schon sehr geringe Bandbreiten aus um eine gute Performance zu erzielen.[16]

---

14 Vgl. Citrix Systems Inc. (2001), S. 268f.

15 Vgl. Fiering, L., et al (2004), S. 5.

16 Vgl. Kaplan, S., Mangus, M. (2001), S. 59.

Dabei kann zusätzlich die SpeedScreen-Technologie genutzt werden. Diese Technologie ermöglicht es die Anwendungsdarstellung zu optimieren. Normalerweise müsste nach jeder Maus- oder Tastatureingabe das von der Anwendung neu generierte Bild an den Client gesendet werden. Die SpeedScreen-Technologie vergleicht allerdings das zuvor an den Client übertragene Bild mit dem was für die kommende Übertragung ansteht und bildet die Differenz. Übertragen wird anschließend nur noch die Differenz. Da sich häufig nur ein geringer Anteil des Bildschirmbildes ändert, kann so die Menge der zu übermittelnden Informationen auf bis zu 30% gesenkt werden. Die Darstellungsschicht des ICA-Protokolls ist in Abb. erläutert.[17]

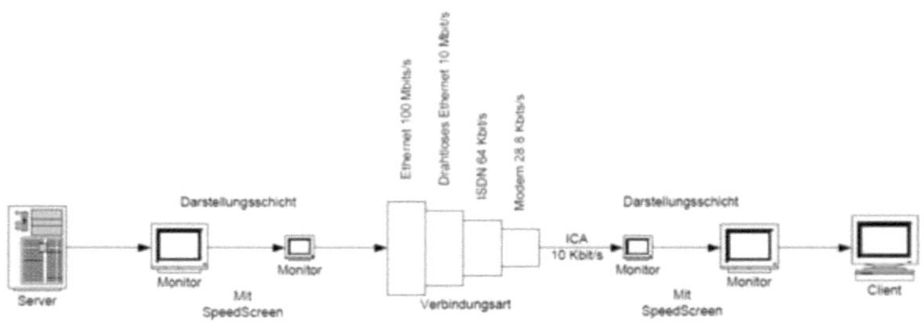

Abb. 3: ***ICA-Protokoll: Darstellungsschicht***

Das ICA-Protokoll in der Version 3.0 weist die folgenden Eigenschaften auf. Das ICA-Protokoll ist plattformunabhängig und kann über verschiedene Netzwerkprotokolle transportiert werden (TCP/IP, IPX, SPX oder NETBEUI). Es können Bildinformationen mit einer Farbtiefe von bis zu 24 Bit übertragen werden.

Zusätzlich zu Bildschirm-, Maus- und Tastatureingaben können auch Audiodaten, Informationen der Zwischenablagen und Daten zum Drucken übertragen werden. Dazu verwendet das ICA-Protokoll für jeden Datentyp einen eigenen virtuellen Kanal.

Die Übertragung wird mit 128 Bit verschlüsselt.[18]

---

[17] Vgl. Kaplan, S., Mangus, M. (2001), S. 60

[18] Vgl. Kaplan, S., Mangus, M. (2001), S. 57ff.

Vorteile

Der größte Vorteil ist die zentrale Administration, Installation und Wartung der Anwendungen. Dies macht Change Management-Prozesse sehr einfach. Die Software muss nur einmal auf dem Server installiert werden. Selbst beim Einsatz von Serverfarmen ist es möglich, die Software nur einmal zu installieren. Die Installation auf den weiteren Servern erfolgt automatisch.[19]

Es werden nur geringe Anforderungen an die Bandbreite gestellt. Dadurch wird es auch Außendienstmitarbeitern ermöglicht, auf interne Anwendungen im Netzwerk zuzugreifen. Dabei spielt es fast keine Rolle über welches Medium eine Verbindung zu dem Terminalserver aufgebaut wird. Bei den meisten Anwendungen reicht eine ISDN-Verbindung. Es ist allerdings auch möglich über das GSM-Netz eine GPRS-Verbindung herzustellen.

Dadurch, dass die Berechnungen und die Logik auf dem Server ausgeführt werden, haben SBC-Lösungen nur geringe Anforderungen an die Hardware der Clients, so dass Clients nicht nach einigen Jahren bereits ausgetauscht werden müssen. Bei Reinvestitionen kann auf so genannte ThinClients umgestellt werden, deren Kosten (etwa 260 €/Client[20]) weit unter denen von normalen Clients liegen.[21]

Verbindungsabbrüche haben keine Auswirkungen auf den Ablauf des Programms, da die Session auf dem Server erhalten bleibt und vom Benutzer wieder aufgenommen werden kann. Dies stellt sich insbesondere in Funknetzen als Vorteil dar.

---

19 Vgl. Network Computing (2005), o.S.

20 Vgl. HP Compaq AG (2005), o. S.

21 Vgl. von Suchodoltz, D. (2000), o. S.

Nachteile

Server bzw. Serverfarmen müssen leistungsfähiger sein als beim Client/Server-Computing, da Berechnung für die Business-Logik nun auch vom Server übernommen werden muss. Diese sind bei modernen Terminalservern aber gut skalier- und erweiterbar.[22]

Ebenso werden erhöhte Anforderungen an die Administration gestellt. Die Administratoren müssen gut ausgebildet sein und auch die Fehlertoleranz ist sehr niedrig zu halten, da die Abhängigkeit von der zentralen Serverkomponente sehr hoch ist.[23]

Die Terminalserver-Architektur eignet sich nicht für sehr grafikintensive Anwendungen wie CAD-Anwendungen oder Spiele. Es werden nur Bilder in 16 bzw. 24 Bit Farbtiefe übertragen und bei sehr vielen Bildveränderungen, wie es z.B. bei Spielen der Fall ist, lassen sich Performance-Probleme erkennen. Ebenso ist dies bei Multimediaanwendungen und Softwareentwicklungsumgebungen zu erwarten.[24]

2.2 Klassische Office-Anwendungen

Terminalserver eignen sich für eine Vielzahl von Anwendungen. Wie im Abschnitt vorher dargestellt eignen sie sich aber insbesondere für die Anwendungen des klassischen Office-Bereichs. Mit einer zentralen Installation kann der größte Teil der Mitarbeiter mit Standardanwendungen bedient werden. In den meisten Unternehmen gibt es sehr viele Desktops oder Notebook mit identischen Installationen. Es gibt einige Anwendungen, die alle Mitarbeiter eines Unternehmens benötigen. Diese Anwendungen sind beispielsweise Textverarbeitung, Tabellenkalkulation, E-Mail-Client und Warenwirtschaftssystem. Diese Studie beschränkt sich in ihrer Analyse auf die Betrachtung solcher Office-Anwendungen, da diese Anwendungen für die meisten Mitarbeiter ausreichend sind. Weiterhin sind hier die größten Einsparungspotenziale zu erzielen.

---

22 Vgl. Enck, J., Margevicius, M. (2004), S. 3.

23 Vgl. Kaplan, S., Mangus, M. (2001), S. 124f.

24 Vgl. Network Computing (2005), o. S.

2.3 Methoden der Wirtschaftlichkeitsanalyse

2.3.1 Einordnung der Wirtschaftlichkeitsanalyse

Die Entscheidung eine Investitionsmaßnahme durchzuführen oder nicht sollte aufgrund von objektiven Kriterien erfolgen. Die Wirtschaftlichkeitsanalyse ist als ein solches objektives Kriterium häufig ein Bestandteil von Entscheidungsprozessen.

Generell ist zu beachten, dass die Wirtschaftlichkeitsberechnungen Entscheidungen nur vorbereiten, nicht aber treffen können.[25] Bei der Entscheidungsfindung können persönliche Präferenzen, strategische Vorgaben der Unternehmensführung oder auch nicht quantifizierbaren Nutzenaspekte eine Rolle spielen. Diese Effekte werden auch als intangible Effekte bezeichnet.[26] (Vergleiche Abb.).

Abb. 4: Einflussfaktoren der Entscheidungsfindung

---

[25] Vgl. Diederichs, C. J. (1985), S. 11.

[26] Vgl. Diederichs, C. J. (1985), S. 90.

Der Wirtschaftlichkeit liegen zwei grundlegende Prinzipien der Betriebswirtschaftlehre zu Grunde. Das Minimal- und das Maximalprinzip. Bei beiden Prinzipien ist jeweils eine Größe (Input oder Output) fix. Ziel ist es, die jeweils andere Größe zu maximieren bzw. zu minimieren.

Das Minimalprinzip gibt vor, einen definierten Output mit möglichst geringem Mitteleinsatz zu erreichen. Ziel des Maximalprinzipes ist es durch den Einsatz vorgegebener Mittel, einen möglichst hohen Output zu erzeugen.[27]

Das Hauptaugenmerk dieser Studie liegt auf der Wirtschaftlichkeitsanalyse. Um diese durchzuführen, können verschiedene Methoden zur Hilfe herangezogen werden. Die Methoden, die innerhalb einer wissenschaftlichen Studie verwendet werden, müssen im Vorfeld hinreichend beschrieben und definiert werden.

2.3.2 Abgrenzung Wirtschaftlichkeitsberechnung und Kosten/Nutzen-Analyse

Die Wirtschaftlichkeitsberechnung (WB) gehört zur innerbetrieblichen oder betriebswirtschaftlichen Investitionsrechnung. Bei ihr werden Methoden verwendet, die dem Investor das jeweils wirtschaftlichste der konkurrierenden Projekte nachvollziehbar auswählt. Dabei werden alle Kosten und Nutzenfaktoren monetär bewertet. Nicht quantifizierbare Aspekte können nur ergänzend diskutiert werden.

Die Kosten/Nutzen-Analyse hingegen verfolgt drei Ziele. Sie hilft die Entscheidung über die Wirtschaftlichkeit von öffentlichen Projekten zu treffen, wählt aus einer Reihe von Projekten eines aus und bestimmt den richtigen Zeitpunkt für die Durchführung des Projektes.[28]

Kosten/Nutzen-Analysen (KNA) hingegen eignen sich eher für den gesamtwirtschaftlichen bzw. volkswirtschaftlichen Bereich. Mit KNA werden nicht nur betriebswirtschaftliche, sondern auch gesellschaftliche Zielvorstellungen berücksichtigt. Daher kommen KNAs häufig bei Inves-

---

27 Vgl. Kredel, L. (1988), S. 24.

28 Vgl. Recktenwald, H. (1971), S. 12.

titionsprojekten öffentlicher Investoren zum Einsatz. In KNA gehen auch nicht monetär bewertbare Nutzenfaktoren mit ein (vergleiche Abb.).[29]

Da die meisten Überlegungen eine Umstellung auf Terminalserver-Architektur durchzuführen, in Unternehmen zur Sprache kommen und durch eine erhoffte Kostenersparnis getrieben seien werden, macht es Sinn in dieser Studie eine privatwirtschaftlichen Wirtschaftlichkeitsbetrachtung einer KNA vorzuziehen.

Obwohl also die Wirtschaftlichkeitsrechnung voraussetzt, dass alle Kosten- und Nutzenfaktoren monetär bewertet werden, ist es andererseits unzureichend nur monetäre Aspekte als Entscheidungsgrundlage gelten zu lassen.[30]

Daher wird in dieser Ausarbeitung die erweiterte Wirtschaftlichkeitsanalyse (EWA) verwendet. Diese sieht vor, neben den monetär bewertbaren Kosten- und Nutzenfaktoren auch die nicht quantifizierbaren Aspekte zu berücksichtigen.[31]

Daher wird die Wirtschaftlichkeitsanalyse in drei Bereiche gegliedert. Ermittlung der Kosten, Ermittlung des Nutzens und anschließender Wirtschaftlichkeitsberechnung. Der nicht monetär bewertbare Nutzen wird durch eine Nutzwertanalyse beziffert und geht in die Wirtschaftlichkeitsbetrachtung deskriptiv mit ein, kann das Ergebnis wertemäßig aber nicht beeinflussen.

---

29 Vgl. Diederichs, C. J. (1985), S. 9

30 Vgl. Dworatschek, S., Donike, H. (1972), S. 40.

31 Vgl. Zangenmeister, C. (2000), S. 7.

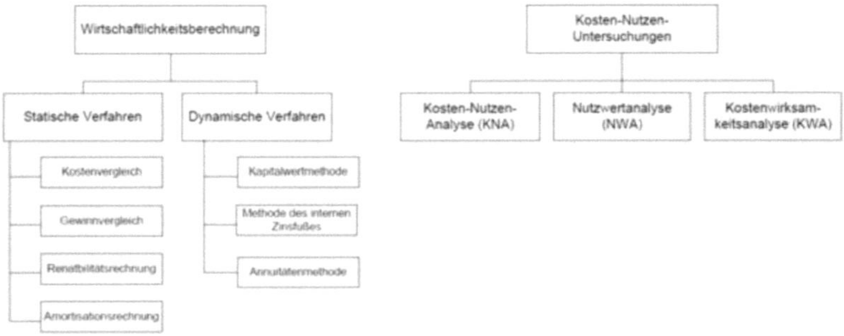

Abb. 5: ***Einteilung der Verfahren für Wirtschaftlichkeitsberechnungen und Kosten/Nutzen-Untersuchungen***

2.3.3 Arten der Wirtschaftlichkeitsberechnungen

Wirtschaftlichkeitsberechnungen lassen sich in statische und dynamische Verfahren gliedern (vergleiche Abb.).

Statische Verfahren

Zu den statischen Verfahren werden der Kostenvergleich, der Gewinnvergleich, die Rentabilitäts- und die Amortisationsrechnung gezählt. Charakteristisch für diese statischen Verfahren ist, dass der zeitliche Bezug nicht berücksichtigt wird. Es wird also nicht unterschieden, wann Kosten und Nutzen eintreten. Sie werden durch Jahresdurchschnittswerte abgebildet oder Kosten und Nutzen treten innerhalb der selben Periode ein. Statische Verfahren finden Anwendung, wenn die Ermittlung differenzierter Daten zu Kosten und Nutzungssdauer bzw. deren Eintreten nicht möglich, der Aufwand nicht gerechtfertigt ist oder es sich um Maßnahmen mit sehr geringen Investitionsvolumen handelt.

Statische Verfahren sind demnach sehr schnell und einfach durchzuführende Verfahren, und sie sind daher der Nichtbetrachtung von Wirtschaftlichkeitsberechnungen in jedem Fall vorzuziehen.[32]

---

[32] Vgl. Diederichs, C. J. (1985), S. 11.

Dynamische Verfahren

Den dynamischen Verfahren sind die Kapitalwertmethode, die Methode des internen Zinsfußes und die Annuitätenmethode zuzuordnen. Im Gegensatz zu statischen Verfahren, berücksichtigen die dynamischen Verfahren zeitliche Aspekte des Anfallens von Kosten und Nutzen. Dabei werden die Zahlungsströme auf einen festen Bezugszeitpunkt ab- oder aufgezinst und machen so Projekte über die gesamte Nutzungsdauer vergleichbar.[33]

Die Methoden, die in dieser Studie zur Ermittlung der Kosten und des Nutzens verwendet werden, werden in den folgenden Kapiteln beschrieben.

2.3.4 Grundlagen der Kostenanalyse mit Hilfe der Total Cost of Ownership- Analyse

Grundlage einer jeden Wirtschaftlichkeitsbetrachtung ist die Ermittlung und Aufschlüsselung der Kosten des Projektes.

Unter Kosten wird die in Geld bewertete Mengen an Produktionsfaktoren (Arbeitsleistungen, Betriebsmittel und Werkstoffe) sowie in Geld bewertete Dienstleistungen Dritter und öffentliche Aufgaben, die bei der Erstellung betrieblicher Leistungen verbraucht werden, verstanden.[34]

Die Kostenanalyse betrachtet alle anfallenden Projektkosten und die nach Projektabschluss entstehenden Betriebskosten. Zu den typischen Kosten eines IT-Projektes gehören: Hardware, Software, Personal- und

Betriebskosten sowie Dienstleistungen, die von Externen erbracht werden.

Das von der Gartner Group entwickelte Total Cost of Ownership (TCO)-Verfahren betrachtet nicht nur die serverseitigen, sondern berücksichtigt auch die clientseitigen Kosten sowie die Opportunitätskosten einer IT-Infrastruktur.[35]

---

33 Vgl. Diederichs, C. J. (1985), S. 14.

34 Vgl. Wöhe, G. (1978), S. 330.

35 Vgl. Comparex Informationssysteme GmbH (2005), o. S.

Die TCO-Analyse hat zum Ziel alle direkten und indirekten Kosten, die mit der Ausstattung eines Arbeitsplatzes mit EDV in Verbindung stehen, auf Vollkostenbasis zu ermitteln.

Diese Kosten lassen sich in direkte (budgetierte) und indirekte (unbudgetierte) Kosten einteilen.[36]

Direkte Kosten

Zu den direkten Kosten zählen die Kosten, die unmittelbar den IT-Abteilungen zugerechnet werden können. Diese können wiederum unterteilt werden in Hard- und Software, Operations und Verwaltung.[37]

Zu Hardware- und Softwarekosten zählen Investitionen und Leasinggebühren für Server, Client-Computer (z.B. Desktop-Geräte und mobile Rechner), Peripheriegeräte und Netzwerkkomponenten.

Server-Managementkosten werden durch die direkten Lohnkosten für Netz-, System- und Speicherverwaltung, Betriebsstunden und Betriebskosten, Wartungsverträge und Fachdienstleistungen oder Ausgaben für Outsourcing beziffert.

Zum User-Support zählen Kosten für Arbeitsstunden, Benutzerberatung, die Leistungsmessung durch die Benutzerberatung, Gebühren für Schulungen, Beschaffung, Reisen, Supportverträge und allgemeine Arbeitskosten.

Die Anwendungsentwicklung wird budgetiert durch die Arbeitskosten für Anwendungsdesign, Entwicklung, Tests, Dokumentation und Gebühren Dritter einschließlich der Entwicklung neuer Applikationen, Kundenanpassungen und Wartung der Applikationen.[38]

---

36 Vgl. Wolf, K., Holm, C. (1998), S. 19.

37 Vgl. Gartner Inc. (2003), S. 4ff.

38 Vgl. Toshiba Europe GmbH (2005), o. S.

Indirekte Kosten

Indirekte Kosten sind diejenigen Kosten, die den IT-Abteilungen nicht direkt zurechenbar sind. Dazu zählen vor allem die Kosten, die durch die Nichtverfügbarkeit der IT-Infrastruktur entstehen.

Indirekte Kosten sind sehr schwer zu quantifizieren und werden deshalb häufig nicht berücksichtigt.

Zu den indirekten oder nicht budgetierbaren Kosten zählen die sog. „End-User-Operations" und „Downtime". Mit End-User-Operations werden die Aktivitäten bezeichnet, bei denen der User Zeit für Selbsthilfe, informellen Lernprozessen, Schulungen oder mit der eigenen Datenverwaltung verbringt. Downtime ist die Zeit, in der das System nicht zur Verfügung steht. Beide Bereiche erzeugen Kosten, da der User nicht produktiv arbeiten kann.[39]

Ein übliches Verhältnis der einzelnen Kostenbereiche ist in Abb. zu sehen.[40]

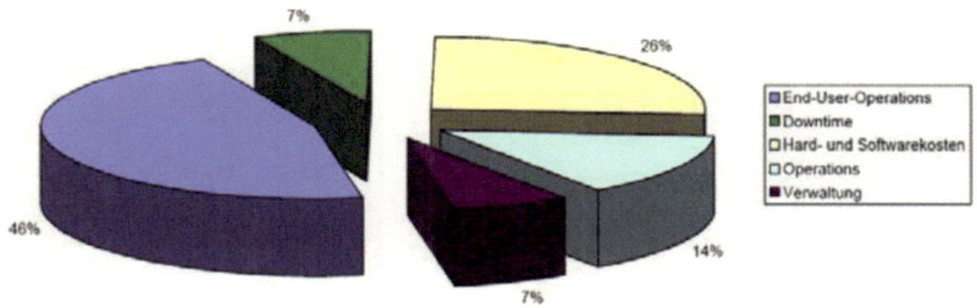

Abb. 6: ***Aufteilung TCO***

Unter Berücksichtigung aller anfallenden Kosten ergibt sich eine schematische Übersicht. In Abb. sind alle Komponenten einer TCO-Analyse dargestellt.[41]

---

[39] Vgl. Gartner Inc. (2003), S. 22 ff.

[40] Vgl. Karner, H. (2005), S. 9.

[41] Vgl. Wild, M., Herges, S. (2000), S. 15.

2.3.5 Grundlagen der Nutzenanalyse

Der Nutzen ist in der Mikroökonomie die zentrale Zielvariable für die Handlungsweise der Haushalte. Die Tatsache, dass ein bestimmtes Güterbündel einem anderen vorgezogen wird zeigt, dass es einen höheren Nutzen stiftet. Es wird von Entscheidungsnutzen gesprochen.[42]

[42] Vgl. Wikipedia (2005a), o. S.

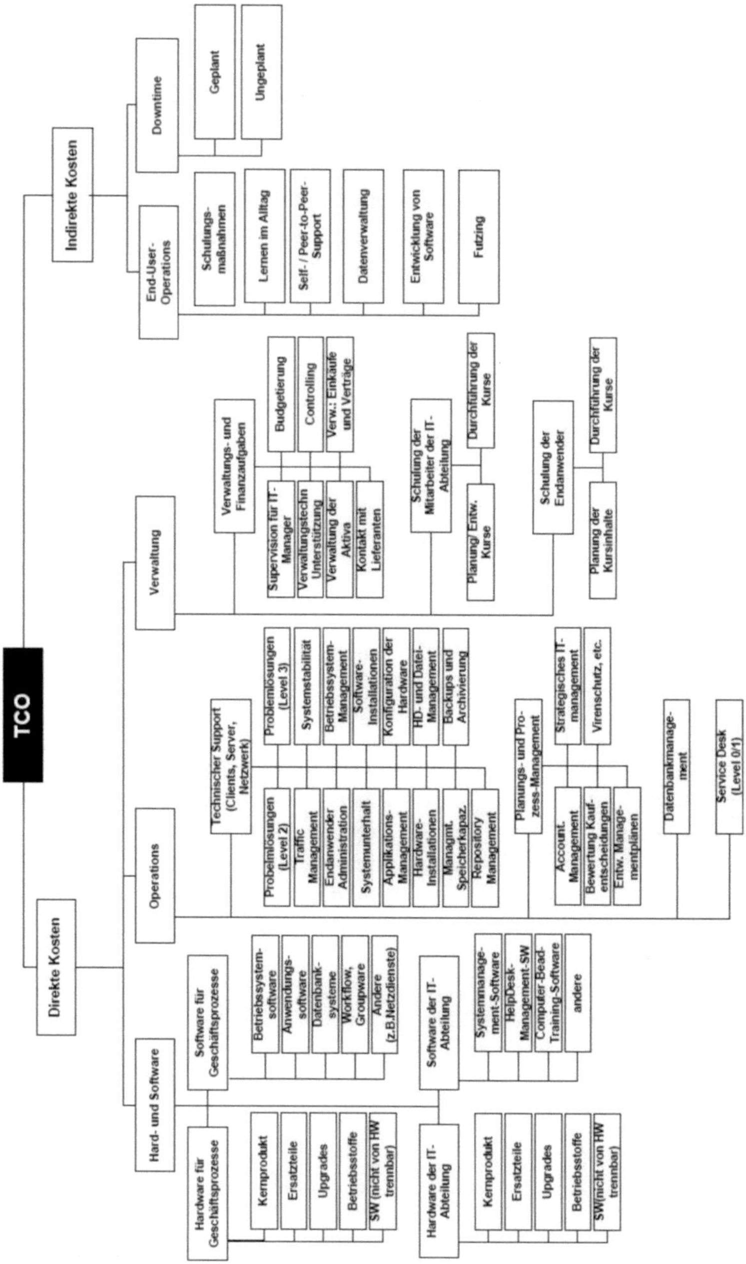

Abb. 7: TCO-Kostenstruktur

Der Nutzen eines Projektes läßt sich in quantifizierbarem Nutzen und nicht quantifizierbarem Nutzen aufteilen.

Monetärer/quantifizierbarer Nutzen

Die Wirtschaftlichkeitsanalyse macht es erforderlich, dass alle Faktoren zu Vergleichszwecken in einer Dimension zur Verfügung stehen.

Unter dem monetären Nutzen wird die Differenz aus den Kosten des neuen Systems und den Kosten des fortlaufenden Betriebs des bestehenden Systems verstanden. Es werden also die Kosten für den Wechsel und den Betrieb des neuen Systems, den Kosten für den Betrieb des bestehenden Systems gegenübergestellt.[43]

Nicht monetärer/nicht quantifizierbarer Nutzen

Der nicht direkt in Geldeinheiten bewertbare Nutzen eines Projektes ist weit schwieriger zu schätzen. Gerade im IT-Bereich ist dies besonders schwierig, da der Nutzen häufig nicht direkt als Output erkennbar und quantifizierbar ist.[44] Um sich dem nicht quantifizierbaren Nutzen eines Vorhabens zu nähern wird in dieser Studie die Nutzwertanalyse zu Grunde gelegt.

Definition der Nutzwertanalyse: *„Nutzwertanalyse ist die Analyse einer Menge komplexer Handlungsalternativen mit dem Zweck, die Elemente dieser Menge entsprechend den Präferenzen des Entscheidungsträgers bezüglich eines multidimensionalen Zielsystems zu ordnen. Die Abbildung dieser Ordnung erfolgt durch Angabe der Nutzwerte (Gesamtwerte) der Alternativen."*[45]

Es werden also die unterschiedlichen Alternativen anhand von selbstgewählten Kriterien bewertet. Die Analyse ermittelt als Ergebnis einen Nutzwert für jede Alternative, der als Entscheidungsgrundlage dienen kann.

---

43 Vgl. Zangenmeister, C. (2000), S. 5.

44 Vgl. Droste, F. (1986), S. 111.

45 Zangenmeister, C. (1976), S. 45.

Die Stärke der Nutzwertanalyse liegt in der Betrachtung mehrerer Ziele (multidimensionales Zielsystem). Gerade in Projekten der öffentlichen Hand ist nicht nur das Ziel der Gewinnmaximierung im Interesse der Vorhaben, sondern häufig mehrere, nicht objektivierbare Kriterien im Fokus der Entscheider. Diese Kriterien können durch die Nutzwertanalyse offen dargelegt werden und können so in den Entscheidungsprozess eingehen.[46]

Funktionaler Ablauf der Nutzwertanalyse

Der Ablauf der Nutzwertanalyse ist nach Freericks wie folgt definiert:[47]

1. K.O.-Kriterien definieren:

K.O.-Kriterien sind Kriterien bei deren Erfüllung eine oder mehrere Alternativen sofort von der Betrachtung ausgeschlossen werden. K.O. Kriterien sind ein wichtiger Bestandteil, da durch sie die Mindestanforderungen an die Alternativen festgesetzt werden. Erfüllt eine Alternative mindestens ein Kriterium nicht, so muss es nicht weiter betrachtet werden (vergleiche Schritt 3).

2. In Frage kommende Alternativen sammeln (Marktanalyse):

In diesem Schritt sollten alle in Frage kommenden Alternativen zusammengestellt werden. Dabei sollten zunächst alle Alternativen aufgeführt werden, auch wenn schnell klar wird, dass nicht alle Kriterien den Anforderungen genügen. Dies ist aus Dokumentationsgründen sinnvoll.

3. Alternativen, die eines der K.O.-Kriterien erfüllen, verwerfen:

Als nächstes wird geprüft, ob eine der zusammengestellten Alternativen nicht von vorneherein ausgeschlossen werden kann. Dies ist der Fall wenn die Alternative mindestens einem K.O.-Kriterium nicht standhält.

---

46 Vgl. Kroés, G. (1973), S. 21ff.

47 Vgl. Freericks, C. (2002), o. S.

4. Zielkriterien definieren und gewichten:

Nun werden die Oberziele der Handlungsperspektiven zusammengestellt. Es wird empfohlen sich mit Hilfe von abstrakten Oberzielen der Analyse zu nähern. Sind die Oberziele definiert, können sie jeweils in Teilziele zerlegt werden. Dies kann in mehreren Stufen geschehen. Auf diese Weise werden die Kriterien immer konkreter und können einfacher bewertet werden. Dabei ist darauf zu achten, dass die einzelnen Teilziele möglichst geringe Abhängigkeiten untereinander aufweisen. Bei vielen Abhängigkeiten ist das Ergebnis sehr anfällig für Fehlbewertungen und unterliegt hohen Schwankungen.[48]

Nicht alle Ziele haben das gleiche Gewicht. Es gibt Teilziele, die als wichtiger erachtet werden als andere. Entsprechend Ihrer subjektiven Bedeutung für das Oberziel werden die einzelnen Teilziele gewichtet. Die Summe aller Gewichte ergibt 100%. Dies entspricht dem Gesamtnutzen. Auf diese Art und Weise entsteht der Kriterienbaum.[49]

Um die einzelnen Teilkriterien im nächsten Schritt zu bewerten, können zusätzlich zu den Gewichten messbare Indikatoren festgelegt werden. Es wird ein Bereich angeben, in dem die Bewertung stattfinden kann.[50]

Beispielsweise könnte bei einer Analyse von drei Alternativen und dem Stromverbrauch eines Gerätes als Kriterium der Bereich in einer Intervallskala mit zugehöriger Punkteskala wie folgt festgelegt werden:

Stromverbrauch
<= 100 KWh = 1,
> 100 und <= 300 KWh = 2 und
> 300 KWh = 3 [51]

---

48 Vgl. Scholles, F. (2001), o. S.
49 Vgl. Scholles, F. (2001), o. S.
50 Vgl. Kroés, G. (1973), S. 29.
51 Vgl. Kroés, G. (1973), S. 33f.

So würde eine Alternative, die eine Stromaufnahmen von 250 KWh hat, mit 2 Punkten bewertet werden.

Es können auch der absolut höchste Wert mit drei und die nächst niedrigeren mit zwei und eins bewertet werden. In diesem Fall spricht man von einfacher Punkteskala.[52]

Die Gewichtung und die Festlegung der Bewertungsbereiche erfolgt zwangsläufig subjektiv.[53]

5. Erfüllung der Teilziele je Alternative bewerten (= Zielertragsmatrix):

Die Alternativen werden einzeln anhand des Zielereichungsgrades für jedes einzelne Kriterium bewertet.

6. Gewichtete Teilzielerfüllung (= Zielwertmatrix) und Gesamtzielerfüllung (= Gesamtnutzen) je Alternative berechnen:

Durch die Multiplikation der Bewertung aus Schritt 5 mit dem Gewicht aus Schritt 4, können für jede Alternative die Zielwerte ermittelt werden. Die Summe aller Zielwerte stellt den Gesamtnutzen dar.[54]

7. Sensitivitätsanalyse:

Bei der Sensitivitätsanalyse wird vor der Entscheidung geprüft wie robust die Ergebnisse gegenüber Veränderungen bei den Gewichten oder den Bewertungen sind und ob sich bei leichten Veränderungen an den Faktoren, erhebliche Änderungen am Ergebnis ergeben oder sogar ein Rangwechsel erfolgt.[55] Diese Analyse sollte vor allem dann durchgeführt werden, wenn die Ergebnisse sehr eng beieinander liegen.[56]

---

52 Vgl. Kroés, G. (1973), S. 31.

53 Vgl. Kroés, G. (1973), S. 29.

54 Vgl. Kroés, G. (1973), S. 47.

55 Vgl. Lillich, L. (1992), S. 137.

56 Vgl. Scholles, F. (2001), o. S

Da alle Kriterien entsprechend formuliert worden sind (das beste wird immer am höchsten bewertet), ist die Alternative mit der höchsten Gesamtpunktzahl die „ Beste" bzw. liefert den höchsten Nutzen.

Grenzen der NWA

Die Nutzwertanalyse stellt bei komplexen Sachverhalten nicht sicher, dass alle Bewertungskriterien abschließend aufgeführt werden. Die Kriteriengewichtung erfolgt zwar subjektiv anhand der Präferenzen der Entscheider, jedoch werden alle Bewertungskriterien und deren Bedeutung offengelegt und werden nachvollziehbar und beurteilbar durch Dritte.[57]

Die NWA vergleicht die in Frage kommenden Alternativen anhand selbstgewählter Kriterien. Es findet keine Überprüfung der Wirtschaftlichkeit statt. Es kann also sein, dass selbst die beste Alternative nicht den Grundsätzen der Wirtschaftlichkeit genügt.[58] Daher wird in dieser Studie eine Wirtschaftlichkeitsbetrachtung angeschlossen.

---

57 Vgl. Kroés, G. (1973), S. 52.

58 Vgl. Kroés, G. (1973), S. 50.

3. Kostenanalyse

Zur Schätzung der Kosten müssen sowohl die Anschaffungs- und Betriebskosten beider Lösungen als auch die einmalig anfallenden Kosten für die Umstellung ermittelt werden. Weiterhin dürfen nicht nur die direkten Kosten des Betriebs, sondern es müssen auch die in Kapitel 2.3.4 beschriebenen indirekten Kosten berücksichtigt werden.

3.1 Ermittlung der direkten Kosten

Die direkten Kosten werden mit Hilfe des Application Computing Environment Costanalyzer (ACE-Costanalyzers) ermittelt. Diesem Online-Tool liegt das TCO-Modell der Gartner Group zugrunde. Der ACE-Costanalyzer wurde von dem unabhängigen US-Analysten Kaptronix, Inc. entwickelt. Es handelt sich um ein webbasiertes Tool, mit dem sich die Kostenvergleiche der Infrastrukturen von Client/Server und Citrix MetaFrame-Architekturen über den Zeitraum von 3 Jahren erstellen lassen. Zusätzlich liefert der Analyzer eine Auswertung auf Jahresbasis.[59]

Alle Screen-Shots und die originalen Ergebnisse befinden sich im Anhang A.

Bei den Eingaben ist als ein Parameter „Anzahl der eingesetzten Thin-Clients" festzulegen. Für den dort eingegebenen Anteil werden die Kosten berechnet. Zusätzlich zu diesem Bericht werden noch separate Berichte erstellt, die einen Anteil von 100% Thin-Clients simulieren.

Die Kostenermittlung durch TCO-Analyse hat den Nachteil, dass es sich um eine Vollkostenrechnug handelt. Bei Investitionsprojekten wie der Umstellung auf Terminalserver handelt es sich in der Regel um Ablösungsprojekte, weshalb nur Differenzwerte der Vollkostenrechnung in die weitere Wirtschaftlichkeitsberechnung eingehen dürfen.[60] Dies wird bei der Wirtschaftlichkeitsbetrachtung in Kapitel 5 berücksichtigt.

59 Vgl. Citrix Systems Inc. (2004), o. S.

60 Vgl. Brugger, R. (2005), S. 263.

Im folgenden Kapitel werden zunächst die Prämissen des Costanalyzers beschrieben. Im Anschluss daran werden die konkreten Eingaben aufgelistet, die in den Costanalyzer eingeben werden. Es handelt sich dabei um die Angaben eines fiktiven Großunternehmens, wobei möglichst ein realistischer Querschnitt der Unternehmen betrachtet werden soll.

Aufgrund der Marktführerschaft beschränkt sich diese Studie nur auf den Einsatz des Citrix MetaFrames.

3.1.1 Annahmen der Kostenanalyse direkter Kosten

Der Costanalyzer führt den Benutzer durch mehrere Eingabemasken, in denen 130 Faktoren des Unternehmens und der bestehenden Infrastruktur abgefragt werden, und aus denen der Analyzer die TCOs berechnet.[61] Folgende Annahmen verwendet der Costanalyzer für die Kostenermittlung:

Desktops

1. Hardwarekosten:

Am Anfang des Dialogs kann beim Costanalyzer zwischen den Optionen Hardware-Leasing oder Hardware-Kauf gewählt werden. Leasingkosten werden je Jahr zu 100% angerechnet, beim Kauf der Hardware werden die Anschaffungskosten über drei Jahre abgeschrieben. Bei beiden Alternativen sind die Lizenzkosten des Betriebssystems in den Kosten für Hardware enthalten.

In den Desktopgesamtkosten sind Kosten für Austausch älterer oder defekter Geräte eingeschlossen. Weiterhin kann eine Wachstumsrate an Desktops angegeben werden.

Die Einsparungen ergeben sich daraus, dass die Desktops nicht mehr so häufig durch leistungsstärkere Geräte ausgetauscht werden müssen.

---

61 Vgl.ACE-Costanalyzer (2005b), o. S.

2. Betriebssystem- und Wartungskosten:

Betriebssystem- und Wartungskosten beinhalten z.B. Updates der Virussoftware oder Patches für das Betriebssystem. Die Betriebssystem- / Wartungskosten multiplizieren sich aus der Zeit in Minuten, die ein Administrator für einen Updatevorgang benötigt, der Anzahl Updates pro Jahr, den Kosten eines Administrators pro Minute und der Anzahl Desktops.

Einsparungen ergeben sich daraus, dass die Anwendungen auf dem Server installiert sind und so nur ein einziges Mal das Update installiert werden muss.[62]

Supportkosten

Supportkosten setzen sich aus den Kosten für Help-Desk, den Administrationsbedarf und den Support für die Citrix-Anwendung zusammen.

Anzahl Administratoren x Kosten / Stunde.

Help-Desk-Kosten setzen sich wie folgt zusammen:

Anzahl Calls/User x Dauer/Call x Gesamtanzahl User x Kosten Administrator/Minute.

Unabhängige Untersuchungen zeigen, dass die Anzahl Calls mit Server Based Computing-Architekturen im Durchschnitt um 30% gesenkt werden konnten. Dies ist auf den zentralen Betrieb der Anwendungen zurückzuführen.[63]

Installation und Update von Anwendungen

Es werden zwei Arten von Anwendungen unterschieden. Client/Server und reine Desktop-Anwendungen. In beiden Fällen werden die Kosten

---

[62] Vgl. ACE-Costanalyzer (2005a), o. S.

[63] Vgl. ACE-Costanalyzer (2005a), o. S.

durch die Zeit der Installations- und Updatevorgänge durch den Systemadministrator errechnet. Bei Client/Server-Anwendungen werden die Aufwände für die Installation der Serverkomponenten zusätzlich berücksichtigt.

In Citrix-Umgebungen ergeben sich Einsparungen durch die zentrale Installation der Anwendungen.[64]

Lizenzkosten

Bei den Lizenzkosten werden folgende Kosten berücksichtigt:

1. **Kosten für die Microsoft Terminal Services Client Access-Lizenz.**
2. **Citrix-Lizenzkosten:**

Es gibt unterschiedliche Mengengerüste. Bis 40 User sind in der Standard-Edition integriert. Für 41 - 999 User ist die Advanced-Edition vorgesehen und ab 1000 User wird die Enterprise-Edition benötigt.

3. **Rabatt:**

Die Preise sind kalkuliert mit einem Rabatt von 20%.[65]

Migrationskosten für Webanwendung

In dieser Kostenkategorie werden die Migrationskosten für die Umstellung auf eine webbasiert Technologie betrachtet.

Die Kosten für die Umstellung von Fremdanwendungen werden wie folgt angenommen:

Anzahl Anwendungen, die auf Webbasis umgestellt werden sollen, multipliziert mit den durchschnittlichen Kosten pro User für die Umstellung, multipliziert mit der Anzahl der Gesamtuser.

Die Kosten für eigenentwickelte Applikationen berechnen sich dagegen wie folgt:

Anzahl Eigenentwicklungen, die über Web angeboten werden sollen, multipliziert mit den durchschnittlichen Kosten für die Umstellung auf die webbasierte Architektur.[66]

---

[64] Vgl. ACE-Costanalyzer (2005a), o. S.

[65] Vgl. ACE-Costanalyzer (2005a), o. S.

Browserbasierter Zugriff auf interne Ressourcen

Der Citrix Secure Access Manger bietet über das Internet sicheren Zugriff auf interne Ressourcen wie Webanwendungen, Webseiten, Dokumente, Fileservices und XML-basierte Webanwendungen.

Die Kosten für dieses Feature ermitteln sich wie folgt:[67]

1. **Serverhardware:**

Mit einem Server (4000 US$)[68] können bis zu 500 User mit Web-Access versorgt werden.

2. **SQL-Datenbankkosten: Lizenzkosten für einen MS-SQL-Server: 5000 US$.**
3. **Lizenzkosten für den Citrix Secure Access Manager: 145 US$ pro User.**
4. **Gutschrift von US$ 20 auf die Basis-Lizenzkosten pro konkurrierendem User**

Serverkosten

In den Serverkosten sind Hardware-, Betriebssystem-, Utilitykosten sowie Wartungs-, Administrations- und Datensicherungskosten enthalten.

Die Serverkosten für Citrixumgebungen sind generell höher als in klassischen Client/Server-Umgebungen.

Die Serverkosten berechnen sich wie folgt:

Anzahl der benötigten Server multipliziert mit den Serverkosten (inklusive Betriebssystem, Hardware und Netzwerkkarten)

Für die Netzwerkarten wird je nach Netzgeschwindigkeit 200 US$ für 10/100 MBit/s und 1600 US$ für eine Gigabitanbindung berechnet. Hinzu werden die Kosten für Monitoringwerkzeuge addiert.[69]

---

66 Vgl. ACE-Costanalyzer (2005a), o. S.

67 Vgl. ACE-Costanalyzer (2005a), o. S.

68 Alle im Folgenden genannten Preise beziehen sich auf den Stand vom 18.06.2005.

69 Vgl. ACE-Costanalyzer (2005a), o. S.

Password-Manager

Der optional zu verwendende Passwort-Manager ermöglicht ein Single-Sign-On an den auf dem Server installierten Anwendungen. Der User muss sich also nur einmal mit seinem Benutzernamen und Passwort gegen das System authentifizieren, d.h. er muss sich nur eine Benutzernamen/Passwort-Kombination merken.[70] Die Zugriffsmechanismen auf die übrigen Anwendungen übernimmt der Password-Manager.

Die Kosten für Lizenzkosten werden verrechnet mit den Einsparungen für Help-Desk-Einsatzzeiten durch Rücksetzung von Passworten und die durch gesperrte Accounts resultierenden Unproduktivität der Anwender. Die Lizenzkosten für den Passwort Manager betragen US$ 89 für jeden namentlichen User und US$ 179 für jeden konkurrierenden User.[71]

Zugriff auf heterogene Betriebssysteme

Wenn Windows oder Mac-User Zugriff auf Unix-Systeme benötigen und umgekehrt, ist zusätzlicher Aufwand nötig. Für den Zugriff von Windows-Usern auf Unix-Systeme wird angenommen, dass zusätzliche Programme benötigt werden. Hier werden die Kosten für Server und Desktop-Lizenzen multipliziert mit der Anzahl User die auf Unix-Anwendungen zugreifen müssen.

Müssen Unix-Anwender auf Windows-Anwendungen zugreifen wird unterstellt, dass diese User zusätzlich einen Windows-Desktop besitzen und somit wird für jeden User der von Unix auf ein Windows-System zugreifen möchte, die Kosten für einen Windows-Desktop addiert.[72]

Kosten der Netzwerkinfrastruktur

Bei dem Einsatz des Citrix Secure Access Manager oder des Secure Gateways, fallen keine weitere Kosten für Netzwerkinfrastruktur an. Ansonsten wird unterstellt, dass weiterhin Updates und Anwendungen verteilt werden müssen. Ist die Auslastung des WAN zwischen 50% und 70%,

---

70 Vgl. Citrix Systems Inc. (o.J.), o. S.

71 Vgl. ACE-Costanalyzer (2005a), o. S

72 Vgl. ACE-Costanalyzer (2005a), o. S.

so wird mit 10% Aufschlag kalkuliert, bei einer Auslastung von über 70% wird mit einem Aufschlag von 20% gerechnet.[73]

Externe Dienstleistungen

In den Kosten für externe Dienstleistungen werden Kosten für Analyse, Design, Aufbau, Test und Rollout für die Implementierung einer Citrix-Umgebung kalkuliert.[74]

3.1.2 Eingaben in den Costanalyzer

Der Costanalyzer führt den Benutzer dialoggesteuert durch mehrere Masken, in denen Eingaben gemacht werden müssen. In Tabelle sind die Eingaben aufgelistet, auf denen die ermittelten Ergebnisse basieren. Dabei werden lediglich die in Kapitel 2.3.4 beschriebenen direkten Kosten ermittelt. Die indirekten Kosten werden anschließend gesondert ermittelt.[75]

Schritt	Eingabefelder	Pflichtfeld	Standard	Eingabe
1	**Währungseingaben**			
	Währung	J		Euro
	Umrechnungskurs € zu $	J		0.92
2	**Personaleingaben**			
	Arbeitstage pro Jahr	J	235	230
	Durchschnittliche Personalkosten End-user	J		€ 56.000
	Durchschnittliche Personalkosten Windows-Administrator	J	$68.000	€ 60.000
	Durchschnittliche Personalkosten UNIX-Administrator	J	$74.000	€ 65.000
	Durchschnittliche Personalkosten Help-Desk -Mitarbeiter	J	$54.000	€ 50.000

73 Vgl. ACE-Costanalyzer (2005a), o. S.

74 Vgl. ACE-Costanalyzer (2005a), o. S.

75 Eingaben und Annahmen eines fiktiven Großunternehmnes.

Schritt	Eingabefelder	Pflichtfeld	Standard	Eingabe
3	**Desktopeingaben**			
	Leasing oder Kauf der Hardware	J	-	Leasing
	Jährliche Wachstumsrate der Clients	N	5%	4%
	Jährliche Austauschrate der Clients	N	20%	10%
	Max. Anteil gleichzeitiger Zugriff	N	33%	50%
	Nachlass auf Client Desktop-Lizenzen	N	33%	20%
	Kosten für Microsoft Terminal Services client Access-Lizenzen	J		€ 150
	Anzahl und Kosten pro Windows-Desktops	N	$370/Jahr	800 / € 350
	Anzahl und Kosten pro Windows-Notebook	N	$570/Jahr	200 / € 600
	Anzahl und Kosten pro Windows- Thin-Client	N	$200/Jahr	0/ € 220
	Anzahl und Kosten pro UNIX-Desktop	N	$540/Jahr	0/ € 430
	Anzahl und Kosten pro UNIX-Thin-Client	N	$170/Jahr	0/ € 140
	Anzahl und Kosten pro MAC-Desktop	N	$410/Jahr	0/ € 320
	Anzahl und Kosten pro MAC-Notebook	N	$570/Jahr	0/ € 460
4	**Netzwerk-Infrastruktureingaben**			
	Soll der Secure Access Manager verwendet werden oder das Secure Gateway und web interface?	J		Yes
5a	**Web-Anwendungen**			
	Fremdentwicklungen			
	Anzahl fremdentwickelter Client-/Server-Applikationen, die über das web erreichbar sein sollen?	N	0	5
	Durchschnittliche Kosten pro User um die Anwendung webfähig zu machen ?	N	$50	€ 40
	Eigenentwicklungen			
	Anzahl eigenentwickelter Client-/Server-Applikationen, die über das web erreichbar sein sollen?	N	0	12
	Durchschnittliche Kosten, um eine Eigenentwicklung webfähig zu machen?	N	$100.000	€ 80.000

Schritt	Eingabefelder	Pflichtfeld	Standard	Eingabe
5b	**Browserbasierter Zugang zu Intranet-ressourcen**			
	Soll der Citrix Secure Manager verwendet werden?	J		Yes
	Wenn Ja, wie viele User verbin den sich gleichzeitig mit Intranetan wendungen von unsicheren Access-Points?	J	33%	25%
6	**Password Manager (Single-Sign-On)**			
	Soll der Password Manager verwendet werden?	J		Yes
	Wo sind die passwortgeschützten Applikationen installiert?	J		On Meta-Frame and local device
	Wie viele User sollen über Single- Sign-On Zugang verfügen?	J		500
	Durchschnittliche Anzahl pass wortgeschützter Anwendungen pro User	J		10
7	**Support Kosten**			
	Administratorkosten			
	Verhältnis User zu Administrator (Client und Server)	J		30:1
	Supportkosten			
	Durchschnittliche monatliche An zahl Anrufe pro User	N	1.00	1.5
	Durchschnittliche Gesprächsdauer pro Anruf (in Minuten)	N	8	8
	Prozentzahl der Anrufe, die sich auf Passwortprobleme beziehen	J	25%	50%
	Durchschnittliche Kosten pro Help-Desk-Anruf	J	$30	€ 24
	Heterogene Betriebssystemumgebung			
	Hat das Unternehmen eine heterogene BS-Umgebung? (Windows, UNIX, MAC)	J		No

Schritt	Eingabefelder	Pflichtfeld	Standard	Eingabe
8a	**Updatekosten des Betriebssystem**			
	Durchschnittliche Anzahl Updates, Service Packs, etc. pro Jahr	N	5.00	5.00
	Durchschnittliche Dauer pro Upda te (in Minuten)	N	20	20
8b	**Updatekosten der Applikationen**			
	Client/Server-Applikationen			
	Anzahl Client/Server-Applikationen, die über Citrix erreichbar sein sollen?	N		25
	Anzahl Clients, auf denen alle Applikationen installiert sind	N		0
	Durchschnittliche Anzahl Applikationen pro Client	J		10
	Prozentsatz der Applikationen, die über automatische Softwareverteilung aktualisiert werden	N		80
	Durchschnittliche Installationsdauer der Clientkomponente	N		20 Minuten
	Durchschnittliche Installations- und Konfigurationsdauer der Serverkomponente	N		8Stunden
	Durchschnittliche Dauer eines Up- dates einer Client/Server-Applikation	N		10 Minuten
	Durchschnittliche Anzahl Updates pro Applikation pro Jahr	N	1,5	1,5
	Desktop-Applikationen			
	Gesamtzahl Desktop-Applikationen	N		10
	Prozentzahl der Anwendungen, die über autom. Softwareverteilung aktualisiert werden	N	50%	50%
	Durchschnittliche Installationsdauer einer Desktop-Anwendung	N	45 Minuten	45 Minuten
	Durchschnittliche Updatedauer einer Desktop-Anwendung	N		10 Minuten
	Durchschnittliche Anzahl Updates pro Anwendung pro Jahr	N	1,5	1,5

Schritt	Eingabefelder	Pflichtfeld	Standard	Eingabe
8c	**Zusätzliche Kosten für Administration und Energiekosten**			
	Desktop-Administrationskosten			
	Reisezeit des Administrators zum User	N	30 Minuten	10 Minuten
	Anzahl Installationen pro Besuch	N	10	5
	Anzahl Updates pro Besuch	N	5	3
	Durchschnittlicher Aufwand zur Qualitätssicherung pro neuer Applikation	N	40 Stunden	40 Stunden
	Energiekosten			
	Sollen die Energieeinsparungen einer 100%-Thin-Client-Konfiguration berücksichtigt werden?	J		Yes
9a	**Serverkosten**			
	Server werden in drei Klassen ein geteilt (klein, mittel, groß)			
	Prozentuale Verteilung der User auf Serverklassen	N		30% / 50% / 20%
	Durchschnittliche Anzahl User pro Server	N	50 /35 /20	
	Durchschnittliche Kosten pro Server	N		€ 6.500 / €6.500 / € 6.500
	Jährliche Kosten zur Überwachung der Systeme (Monitoring)	N		€ 30.000
	Netzwerkbandbreite	J		GigaBit
9b	**Externe Dienstleistungen zur Implementierung einer Citrix-Lösung**			
	Planen Sie externe Berater etc. für die Einführung einzusetzen?	J		Yes
	Kosten für die Analyse	N		€ 50.000
	Kosten für Design	N		€ 30.000
	Kosten Aufbau &Test	N		0
	Kosten für RollOut	N		0

Tabelle 1: ***Eingaben in den Costanalyzer***

3.1.3 Ergebnis/Auswertung des Costanalyzers

Der ACE-Costanalyzer hat für die Applikationsarchitekturen „ ohne Citrix„ , „mit Citrix" und „ mit Citrix und 100% Thin-Client-Anteil" die in Tabelle 2: Ergebnisse des Costanalyzers in € dargestellten Kosten in € errechnet. Die Kosten verteilen sich prozentual auf die einzelnen Kostengruppen wie Abb. darstellt.

Kostenkategorie	**C/S**	**TMS**	**TMS 100% ThinClients**
Desktopkosten			
Hardware	468.000	468.000	213.750
Betriebssysteme und Betrieb	85.844	0	0
Support			
Personalkosten Administratoren	6.368.064	4.457.645	4.457.645
Help-Desk und Support (ohne Passwortrelevante Anrufe)	269.706	188.794	26.971
Installations- und Updatekosten von Applikationen			
Desktop-Applikationen	103.013	1.030	1.030
Client/Server-Applikationen	1.878.267	21.246	21.246
Applikationen über web	832.640	0	0
Passwortrelevante Anrufe im Help-Desk	648.000	64.464	64.464
Browserbasierte Zugang zu internen Ressourcen	0	57.098	57.098
Netzwerkinfrastruktur	0	0	0
Software Lizenzen			
Microsoft-Lizenzen	0	150	150
Citrix-Lizenzen	0	112.429	112.429
Server			
Hardware	0	96.371	96.371
Externe Dienstleistungen		80.000	80.000
Summe (direkte Kosten)	10.653.534	5.547.227	5.131.154

Tabelle 2: Ergebnisse des Costanalyzers in €

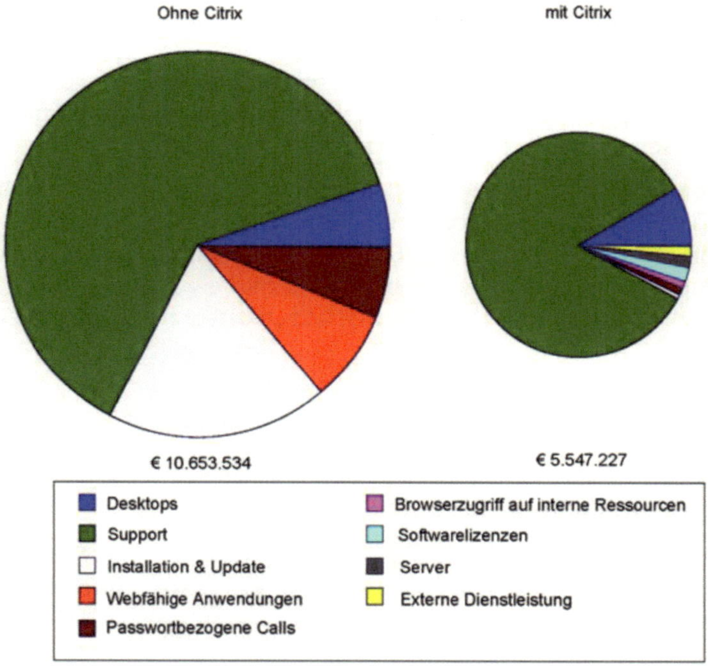

Abb. 8: Verteilung der Kosten mit und ohne Citrix

3.1.4 Migrationskosten

Der Aufwand für Analyse und Design durch externe Dienstleister sind im Costanalyzer bereits berücksichtigt (Vgl. Tabelle).

Nicht berücksichtigt ist die Migration der Daten von den lokalen Clients ins Rechenzentrum. Dafür sind ca. 4 Stunden je Desktop anzusetzen.[76]

Multipliziert mit der Anzahl der Desktops und den Personalkosten je Stunde ergeben sich folgende Aufwände, die den Terminalserverkosten noch zugerechnet werden müssen.

4h x 1000 Clients x 60 € / Stunde = 240.000 €. Verteilt auf 3 Jahre ergeben sich 80.000 € p.a. für die Migration der Clients.

[76] Vgl. Kaplan, S., Mangus, M. (2001), S.645.

3.1.5 Interpretation der Kostenauswertung

Der Costanalyzer hat die Betriebskosten für die Client/Server-Architektur auf €10.653.534 berechnet. Im Vergleich dazu liegen die Kosten für die Terminalserver-Lösung bei € 5.547.227 bzw. bei € 5.131.154.

Aus den Zahlen geht hervor, dass das höchste Einsparungspotenzial bei den Client/Server-Applikationen im Bereich der Installation und der Change-Management-Prozesse zu finden ist. An dieser Stelle können Terminalserver ihre Stärken ausspielen. Durch die zentrale Installation aller Komponenten ist der Installations- und Updateprozess sehr viel einfacher und schneller umzusetzen.

3.2 Ermittlung der indirekten Kosten

Bei der Ermittlung der indirekten Kosten orientiert sich diese Studie ebenfalls an dem Modell der TCO (Abb.).

Diese indirekten Kosten teilen sich in Downtime und End-User-Operations auf. Downtime ist die Zeit in der das System aufgrund von Wartungsarbeiten (geplant) oder Systemausfällen (ungeplant) nicht zur Verfügung steht. In beiden Fälle, in denen das System nicht zur Verfügung steht, kann der Buntzer nicht arbeiten. Es geht also Produktivität verloren.

Mit End-User-Operations wird der Kostenblock bezeichnet, der durch geplante Schulungsmaßnahmen, Support der User untereinander, Dateiverwaltung oder sog. Futzing entsteht. Auch in diesem Fall arbeiten die User nicht produktiv. Mit Futzing ist das „ Herumspielen am Computer" gemeint.[77]

3.2.1 Downtime

Die Nichtverfügbarkeit von Systemen aufgrund von Releasewechseln korrespondiert mit der Updatezeit für Desktops. Die Kosten, die für ein Update eines Desktops veranschlagt werden, können in der gleichen Höhe auch für die nicht Produktivität des System berechnet werden.

[77] Riepl, L. (2002), S. 8.

Anzahl jährlicher Updates x Anzahl Desktops x Zeit pro Update in Min. x Personalkosten eines Users pro Min.[78]

Hinzu kommen die ungeplanten Ausfälle des Systems aufgrund von Fehlern oder Störungen. Zur Ermittlung dieser Kosten werden Erfahrungswerte des Beratungsunternehmens Gartner herangezogen.

3.2.2 End-User-Operations

Für End-User-Operations werden lt. Gartner 2004 in Client/Server-Umgebungen etwa $ 1,801, in SBC-Umgebungen dagegen nur $ 583 pro User kalkuliert. Diese setzen sich pro Client wie folgt zusammen:[79]

	C/S	TMS
Support der User untereinander	666	61
Informelles Lernen und Selbsthilfe	490	154
Formelles Lernen	234	261
Datenmanagement	78	8
Eigenentwicklung des Fachbereichs	45	7
Summe Enduser Operations	1.513	491
Summe Kosten für Downtime	80	70
Summe indirekter Kosten	1.593	561

Tabelle 3: Summe indirekter Kosten für 1000 Clients in T €

3.3 Gesamtkosten

Nach der separaten Ermittlung der direkten Kosten durch den Costanalyzer (Kapitel 3.1) und der Berechnung der indirekten Kosten (Kapitel 3.2), werden im Folgenden die beiden Kostenarten zu den Gesamtkosten zusammengefasst (vergleiche Tabelle). Damit eine vergleichbare Basis entsteht werden die jährlichen Kosten für 1000 Clients berechnet.

78 Vgl. Kaplan, S., Mangus, M. (2001), S. 642.

79 Vgl. Kitagawa, M. et al (2004), S. 9.

Direkte Kosten	10.653.534	5.547.227	5.131.154
Indirekte Kosten	1.593.000	560.000	560.000
Migrationskosten	0	80.000	80.000
Gesamtkosten	12.246.534	6.187.227	5.771.154

Tabelle 4: Gesamtkosten (Total costs of ownership) in € für 3 Jahre

In Abbildung Abb. werden die Gesamtkosten zur besseren Darstellung grafisch aufbereitet dargestellt. Die Migrationskosten sind im Vergleich zu den Betriebskosten fast vernachlässigbar gering, und sind nur als horizontale Linie im Diagramm erkennbar.

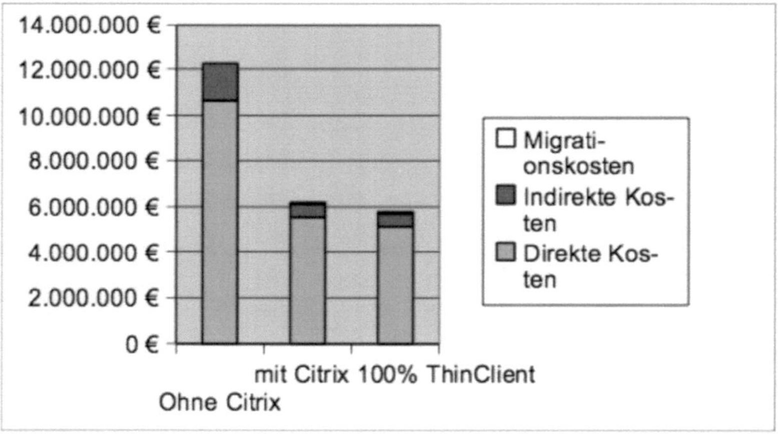

Abb. 9: Gesamtkosten

Ausgehend von diesen Berechnungen werden im nachfolgenden Kapitel die monetären und nicht monetären Nutzenwerte mit Hilfe der Nutzwertanalyse ermittelt.

4. Nutzenanalyse

Die Nutzenanalyse lässt sich in die Analyse des quantifizierbaren und nicht quantifizierbaren Nutzens unterteilen.

Da die Terminalserverarchitektur die gleichen Anforderungen wie die klassische Client/Server-Architektur bedient, stellt sich der Leistungsumfang der Alternativen als identisch heraus. Die User können wie gewohnt ihren Tätigkeiten nachgehen, ohne durch die Umstellung eingeschränkt zu werden.

4.1 Quantifizierbarer Nutzen

Der quantifizierbare Nutzen wurde durch den ACE-Costanalyzer bereits indirekt ermittelt. Der Nutzen entspricht der positiven Differenz aus den Betriebskosten der Client/Server- und Terminalserver-Architektur unter Berücksichtigung der Umstellungskosten (Vgl. Kapitel 2.3.5).

Da die Betriebskosten einer Terminalserver-Infrastruktur unter denen der klassischen Client/Server-Architektur liegen, kann der Nutzen wie in Tabelle beziffert werden.

Kosten C/S	10.653.534
- Kosten TMS	-5.547.227
Einsparung p.a.	5.106.307

Tabelle 5: Nutzen der Terminalserverumstellung

4.2 Nicht quantifizierbarer Nutzen

Der Nutzen, der nicht in Geldeinheiten bewerten werden kann, wird als nicht quantifizierbarer Nutzen bezeichnet.

Gerade in EDV-Projekten ist der nicht quantifizierbare Nutzen sehr schwer zu bewerten. Zu einer ordentlichen Wirtschaftlichkeitsanalyse und Abwägung von Kosten und Nutzen gehört es jedoch auch diese Faktoren zu berücksichtigen. Eine sehr ausgereifte Methode zur Annäherung an den nicht quantifizierbaren Nutzen stellt die Nutzwertanalyse dar.

4.3 Nutzwertanalyse

Die Nutzwertanalyse wird im Folgenden wie in Kapitel 2.3.5 beschrieben durchgeführt.

4.3.1 K.O.-Kriterien definieren

Bei der Betrachtung der Alternativen ist sicher zu stellen, dass der Betrieb und die bisherige Arbeitsweise nicht beeinträchtigt wird. Ein K.O.-Kriterium ist also „Einschränkungen bei dem Betrieb von Office-Anwendungen". Wenn eine Alternative den Betrieb aller benötigten Programme/Office-Anwendungen nicht ermöglichen würde, käme diese Alternative für die weitere Betrachtung nicht in Frage.

4.3.2 Sammeln von Alternativen

Wie in Kapitel 2.3.2 dargestellt, befasst sich diese Studie mit der Gegenüberstellung der Alternativen Client/Server- und Terminalservertechnologie. Dies sind auch die beiden Alternativen, die in der Nutzwertanalyse betrachtet werden.

4.3.3 Verwerfen von Alternativen, die eines der K. O.-Kriterien erfüllen

Da die bisherige Infrastruktur in Unternehmen bereits auf Client/Server basiert, ist für diese Alternative das K.O.-Kriterium nicht mehr zu prüfen. Die Client/Server-Architektur hat über die Jahre gezeigt, dass der Betrieb von Office-Anwendungen sichergestellt ist. Vielmehr legt die Client/Server-Architektur den Maßstab für den Vergleich mit anderen Alternativen fest. Es ist also zu prüfen, ob die Server Based Computing-Lösungen ebenfalls den Betrieb von Anwendungen auf gleichem Niveau ermöglicht.

Nicht alle Anwendungen sind für SBC geeignet. Einschränkungen können sich aufgrund der Bandbreite und der Farbtiefe im Bereich von CAD-Anwendungen ergeben.[80] Diese werden im weiteren Verlauf dieser Studie aufgrund der Prämissen nicht betrachtet. Im Bereich klassischer Of-

---

80 Vgl. Network Computing (2005), o. S.

fice-Anwendungen sind keine Einschränkungen zu erwarten. Die Terminal-Server-Architektur hält also dem K.O.-Kriterium „Betrieb von Office-Anwendungen" stand. Somit werden beide Alternativen im weiteren Verlauf betrachtet, und es wird keine ausgeschlossen.

4.3.4 Definition und Gewichtung der Zielkriterien

Zunächst müssen die zu bewertenden Kriterien zusammengestellt werden. Daraus ergibt sich die so genannte Bewertungsmatrix.

Userspezifische Kriterien

- Akzeptanz der Benutzer: Die Akzeptanz der Benutzer lässt sich durch die Aspekte Performance und Bedienungsfreundlichkeit bewerteten.
    - Performance:

Durch Erfahrungsberichte der Benutzer kann die Performance beider Systeme verglichen werden. Kriterien könnten sowohl Zeitmessungen als auch das subjektive Empfinden der User dienen.

- Bedienerfreundlichkeit:

Durch dieses Kriterium können die Alternativen bezüglich ihrer Benutzerfreundlichkeit bewertet werden. Es sind spezielle Features und die Ergonomie, die dem Benutzer die Studie erleichtert, zu bewerten. Dazu zählen vor allem kognitive Aspekte wie Erlernbarkeit und Verständlichkeit.[81]

- **Motivation:** Dieses Kriterium dient der Bewertung der Motivation der Mitarbeiter. Es kann bewertet werden, wie sich die Art der Software-Architektur auf die Motivation der Benutzer auswirkt, mit diesem System zu arbeiten. Häufige Wartungsarbeiten und Systemausfälle lassen die Motivation sinken. Ebenso wirken sich anstehende Organisationsänderungen bedingt durch die Systemumstellung negativ auf die Motivation aus.[82]
- **Mobilität von Anwendungen:** Außendienstmitarbeiter können produktiver arbeiten, wenn sie über die gleichen Daten wie Mitarbeiter in der Zentrale verfügen. Dieses Kriterium soll bewerten welche Alternative einen besseren Zugriff (über ein VPN oder das Internet) auf produktive Daten bietet, und so den Mitarbeitern die Möglichkeit bietet,

---

81 Vgl. Stahlknecht, P., Hasenkamp, U. (2002), S. 505.

82 Vgl. Stahlknecht, P., Hasenkamp, U. (2002), S. 501f.

schnelle Analysen oder ähnliches direkt beim Kunden zu erstellen, E-Mails abzurufen oder andere Ressourcen des Netzwerks zu nutzen.[83]

IT-Organisationsspezifische Kriterien

- **Einhaltung von Standards:**

  Durch das Kriterium „ Einhaltung von Standards" in der Nutzwertanalyse, soll eine Wertung hinsichtlich der Möglichkeiten einer Vereinheitlichung der Ausstattung gegeben werden. Es ist zu beurteilen welche Alternative eine Vereinheitlichung oder Homogenität der Clients besser unterstützt.

- **Skalierbarkeit:**

  Dieses Kriterium soll die Integrierbarkeit von neuen Aquisitionen und Außenstellen in die bestehende Infrastruktur bewerten. Dazu zählen auch die Anbindungen von Filialen an die Zentrale und der notwendige Aufwand um die bestehende Serverinfrastruktur zu erweitern.[84]

- **Lizenzüberwachung:**

  Unternehmen müssen die Anzahl installierter Software überwachen. Unter Umständen kann es aufgrund von nicht lizenzierten Softwareinstallationen zu hohen Schadensersatzforderungen kommen. Ein weiterer Aspekt ist die Einhaltung eines Standards. Die Rechner sollten möglichst identisch konfiguriert sein, um einen einfachen Support gewährleisten zu können.[85]

Sicherheitsrelevante Kriterien

- **Virenschutz:**

  Durch das Kriterium wird die systemarchitektonische Resistenz gegen Viren beurteilt. Es soll evaluiert werden, ob eine Alternative aufgrund ihrer Architektur, es Viren oder Trojanern schwerer macht einzudringen oder sich zu verbreiten.

---

[83] Vgl. Kaplan, S., Mangus, M. (2001), S. 27.
[84] Vgl. Kaplan, S., Mangus, M. (2001), S. 28.
[85] Vgl. Kaplan, S., Mangus, M. (2001), S. 27.

- **Datensicherheit (Zentrale Datenspeicherung):**

  Benutzer sollten ihre Daten zentral auf einem Server speichern. Leider ist dies in der Realität häufig nicht der Fall. Außendienstler sind beispielsweise sogar auf lokale Daten auf ihrem Notebook angewiesen.[86]

  Ob beim Zugriff von Außen auf Internetanwendungen oder über ein VPN auf interne Systeme ist Sicherheit ein wichtiges Thema. Diese Kriterium kann die Sicherheit der Alternativen bewerten.

- **Verfügbarkeit durch einfachen Aufbau von Redundanzen:**

  Um eine hohe Verfügbarkeit der Systeme zu gewährleisten, müssen die Systeme redundant aufgebaut werden. An dieser Stelle sollen die Möglichkeiten/Schwierigkeiten bei dem Aufbau von Redundanzen bewertet werden. Es ist die Frage zu klären, welches System eine einfachere Auslegung als redundantes System ermöglicht.

Kundenorientierte Kriterien

- **Antwort- und Bearbeitungszeiten (z.B. Außendienstmitarbeiter):**

  Neben der Qualität der Informationen stellt auch die Verfügbarkeit bzw. die Zugriffszeiten auf die Informationen eine große Rolle. Haben beispielsweise Außendienstmitarbeiter direkten Zugriff auf online Daten oder können sie die Fragen der Kunden nur aufnehmen und können diese erst nach Rückkehr in ihr Büro beantworten.

- **Qualität der Informationen:**

  Welche Alternative bietet vor allem den Außendienstmitarbeitern optimalen Zugriff auf Daten, um so schnell Kundenanfragen ggf. auch direkt vor Ort bedienen zu können.[87]

Die oben beschriebenen Kriterien wurden in einem Kriterienbaum angeordnet und gewichtet (vergleiche Abb.).

---

[86] Vgl. Kaplan, S., Mangus, M. (2001), S. 29.

[87] Vgl. Groh, G. (1997), o. S.

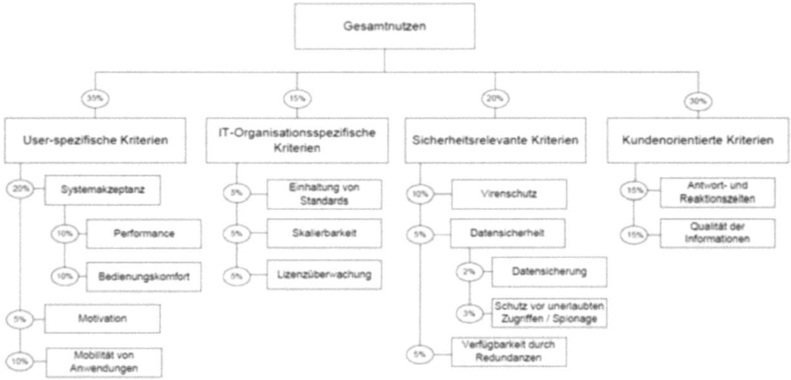

Abb. 10: ***Kriterienbaum und Gewichtung***

4.3.5 Erfüllung der Teilziele je Alternative bewerten

Alle Kriterien werden nun für jede Alternative bewertet. Der Bewertungsbereich liegt zwischen 1 und 5. 1 bedeutet die Alternative erfüllt das Kriterium gar nicht oder nur sehr schlecht. Die 5 steht für eine perfekte oder sehr gute Erfüllung dieses Teilziel. Durch diese Bewertungsskala ist es möglich die Alternativen in abgestufter Weise zu bewerten. Dadurch ergibt sich die Zielertragsmatrix (vergleiche Tabelle).

4.3.6 Berechnung der gewichteten Teilziel- und Gesamtzielerfüllung je Alternative

Durch Multiplikation der Bewertungen mit dem Gewicht je Teilziel ergibt sich die Zielwertmatrix (vergleiche Tabelle). In dieser Tabelle sind beide Alternativen mit allen Teilzielen zusammengefasst. Durch Summenbildung der einzelnen Teilziele wird der Gesamtnutzen ermittelt. Dabei gehen Bewertungen von Kriterien mit höherem Gewicht stärker in das Ergebnis ein.

1. Ebene	2. Ebene	3. Ebene	Gewicht	Bewertung Client/Server	Ergebnis	Bewertung Terminal-Server	Ergebnis
Userspezifische Kriterien			35%				
	Systemakzeptanz		20%				
		Bedienungskomfort	10%	3	0,3	3	0,3
		Performance	10%	5	0,5	3	0,3
	Motivation		5%	3	0,15	4	0,2
	Mobilität von Anwendungen		10%	2	0,2	4	0,4
IT-Organisationsspezifische Kriterien			15%				
	Einhaltung von Standards		5%	2	0,1	5	0,25
	Skalierbarkeit		5%	2	0,1	5	0,25
	Lizenzüberwachung		5%	1	0,05	5	0,25
Sicherheitsrelevante Kriterien			15%				
	Virenschutz		5%	3	0,15	4	0,2
	Datensicherheit		5%		0		0
		Datensicherung	2%	2	0,04	5	0,1

1. Ebene	2. Ebene	3. Ebene	Gewicht	Bewertung Client/Server	Ergebnis	Bewertung Terminal-Server	Ergebnis
		Schutz vor unerlaubtem Zugriff	3%	3	0,09	4	0,12
	Verfügbarkeit durch Redundanzen		5%	3	0,15	4	0,2
Kundenorientierte Kriterien			30%				
	Antwort- und Reaktionszeiten		15%	3	0,45	5	0,75
	Qualität der Informationen		15%	2	0,3	4	0,6
		Summe	100%		2,58		3,92

Tabelle 6: Zielwertmatrix

4.3.7 Begründung der Gewichtung und Bewertung

Im Folgenden werden die einzelnen Bewertungen für die Kriterien kurz begründet, um die Bewertung nachvollziehbar zu dokumentieren. An einigen Stellen überschneiden sich die Begründungen für die einzelnen Kriterien. So ist beispielweise die geringe Bandbreitenanforderung einerseits die Begründung für die gute Mobilität von Anwendungen und dadurch auch wiederum verantwortlich für die bessere Informationsqualität für Außendienstmitarbeiter.

Userspezifische Kriterien

- Akzeptanz der Benutzer:
    - Performace: Wie in Kapitel 2.1.3 Grundlage der Terminalservertechnologie bereits erwähnt, benötigt das citrixeigene ICA-Protokoll nur eine geringe Bandbreite. Demnach kommt es für klassische Office-Anwendungen, wie Textverarbeitungen, Tabellenkalkulationen, Internet-Nutzung, etc. kaum zu Performancebeeinflussungen. Lediglich bei sehr schmalen Anbindungen in Funknetzen (z.B. GSM) gibt es Performanceeinbußen. Bei Anbindungen von 10 Kbit/s ergeben sich schon akzeptable Antwortzeiten, so dass auch über GPRS ein Arbeiten möglich ist.[88]
    - Bedienerfreundlichkeit: Für den Benutzer ändert sich an seiner täglichen Arbeit eigentlich nichts. Er muss einmal nach dem Rechnerstart den Citrix-ICA-Client aufrufen und hat sofort seinen eigenen Desktop verfügbar. Hinzu kommt, dass egal von welchem Client oder Betriebssystem aus er sich anmeldet, der Desktop immer identisch aussieht und die gleichen Funktionen bietet. Häufig werden einige Anwendungen lokal betrieben und einige über einen Terminalserver-Session aufgerufen. Citrix bietet mit dem Feature „ Seamless Window" beide Desktops (lokal und remote) in einem zu integrieren. Dadurch können auch Anwendungen, die eigentlich vom Terminalserver bereitgestellt werden, über den lokalen Desktop aufgerufen werden.[89]
- Motivation:

In Citrix Umgebungen kommt es sehr selten zu Systemausfällen, da die Hardware in Serverfarmen redundant vorgehalten wird und der User nicht bemerkt auf welchem Server er gerade angemeldet ist. Außerdem können Probleme der User sehr schnell durch den HelpDesk behoben werden. Der HelpDesk-Mitarbeiter klinkt sich einfach in die bestehende Session ein und sieht das gleiche Bild wie der Benutzer.

Beim Einsatz des Passwort-Managers muss der Benutzer sich nur einmal am System anmelden. Alle folgenden Logons werden durch den Pass-

[88] Vgl. Dreyer, C. (2002), S.195ff.

[89] Vgl. Kaplan, S., Mangus, M. (2001), S. 63.

wort-Manager übernommen. Diese Funktionalität wird im allgemeinen auch als Single-Sign-On bezeichnet.[90]

Diese Punkte machen es dem Benutzer bei seiner Arbeit einfacher und erzeugen ein vertrautes Gefühl, egal von wo aus er sich gerade anmeldet. Dies könnte zur Steigerung der Motivation beitragen.

- Mobilität von Anwendungen:

  Mit dem Citrix MetaFrame-Add-On für Internetanwendungen lassen sich Anwendung sehr einfach über das Internet erreichbar machen. Gerade für Außendienstmitarbeiter oder Mitarbeiter mit Heimarbeitsplätzen ist es von großem Vorteil die internen Anwendungen und Daten beim Kunden oder zu Hause zur Verfügung zu haben.

IT-Organisationsspezifische Kriterien

- Einhaltung von Standards: Durch die zentrale Installation von Anwendungen, müssen keine Softwarekomponenten lokal installiert werden. Alle Clients haben eine gemeinsame Komponente, die Terminalserver-Software. Die Updates werden zentral installiert, so dass die Clients versionsseitig nicht auseinander laufen.
- Lizenzüberwachung:

  Citrix-Umgebungen helfen bei der Überwachung von Lizenzen. Da die Software nur ein einziges Mal bzw. in einer Serverfarm in der Anzahl integrierter Server installiert ist, wird häufig die Anzahl der User oder der gleichzeitigen User als Maßstab für die Verrechnung der Lizenzen verwendet. Das Unternehmen zahlt also nicht mehr pro installierter Anwendung, sondern pro User, der die Anwendung nutzt. Dies kann in Terminalserver-Umgebungen zentral eingesehen werden, so dass das Risiko fehlender Lizenzen nicht entsteht bzw. schnell überprüft werden kann. Die Verwaltung der Lizenzen findet auf dem Terminalserver statt. Sind nicht ausreichend Lizenzen vorhanden, so kann sich der nächste User nicht am System anmelden bzw. eine Anwendung ist für einen weiteren Benutzer nicht freizuschalten.[91]

---

90 Vgl. Citrix Systems Inc. (o.J.), o. S.

91 Vgl. Kaplan, S., Mangus, M. (2001), S. 27.

- Skalierbarkeit:

  Gerade für schnell wachsenden Unternehmen spielt die Skalierbarkeit eine wichtige Rolle. Aber auch Firmen mit vielen Außenstellen und Filialen sind an einer zentralen Serverlösung interessiert, da verteilte Lösungen Reisekosten verursachen. In Filialen oder neu aquirierten Unternehmen müssen keine Server installiert und konfiguriert werden. Zudem ist eine geringe Bandbreite ausreichend, um den neuen Usern Zugang zu ihren Anwendungen zu ermöglichen. Natürlich müssen je mehr Mitarbeiter am Server Based Computing teilnehmen auch die Serverkapazitäten im zentralen Rechenzentrum angepasst werden. Dies ist jedoch durch das Konzept von Serverfarmen sehr einfach und schnell über Imaging oder Scripting-Methoden zu standardisieren.[92]

Sicherheitsrelevante Kriterien

- Virenschutz:

  Die meisten Viren gelangen durch infizierte Laptops oder Heimarbeitsplätze über ein VPN ins interne LAN. Da bei Terminalserver ein Großteil der Daten auf dem Server befindet, kommen diese Daten nicht mit Viren, Würmern oder Trojanern in Kontakt. Wird sich für eine Thin-Client-Infrastruktur entschieden, können die Viren die Rechner nicht befallen, da weder Festplatten noch Diskettenlaufwerke vorhanden sind.[93]

- Datensicherheit (zentrale Datenspeicherung):

  Beim Einsatz von Terminalservern können Benutzer dazu gezwungen werden ihre Daten auf ihrem persönlichen Netzlaufwerk zu speichern. Diese Laufwerke unterliegt einer täglichen Sicherung, wodurch lokalem Datenverlust zum Beispiel durch defekte Festplatten oder Diebstahl der Rechner vorgebeugt wird.[94]

- Verfügbarkeit durch einfachen Aufbau von Redundanz:

  In Terminalserverumgebungen reicht ein Server aufgrund der hohen Anzahl an Usern meist nicht aus. Daher können mehrere Server zu einer Serverfarm zusammengeschlossen werden. Innerhalb dieser Farm

---

92 Vgl. Kaplan, S., Mangus, M. (2001), S. 479ff.

93 Vgl. Girard, J. (2004), S. 5.

94 Vgl. Kaplan, S., Mangus, M. (2001), S. 29.

werden die User durch das sogenannte „ Load Balancing „ [95] automatisch auf die einzelnen Server verteilt. Fällt ein Server aus oder befindet sich ein anderer in einer Wartung, können die übrigen Server übernehmen. Für den User bedeutet es keinen Unterschied an welchem Server er angemeldet ist.[96]

Kundenorientierte Kriterien

- Antwort- und Bearbeitungszeiten:

  Im Falle einer Umstellung auf Server Based Computing arbeiten Außendienstmitarbeiter von unterwegs genauso, als würden sie an ihrem Arbeitsplatz sitzen. Entweder durch einen Internetzugang oder durch die Einwahl in das eigene Netzwerk, haben sie immer die aktuellen Daten zur Hand und können so Kundenanfragen meist noch während des Gespräches beantworten oder Eingaben in das interne System vornehmen.

- Qualität der Informationen:

  Außendienstmitarbeiter, die ihre Daten synchronisieren bevor sie zum Kunden fahren, haben häufig nicht alle Daten lokal auf ihrem Notebook. Zudem haben diese Daten immer die Aktualität der letzten Synchronisation. In dynamischen Branchen kann es von Vorteil sein aktuelle Preise in Echtzeit dem Kunden nennen zu können und Vertragsabschlüsse vor Ort zu tätigen.[97]

4.3.8 Auswahl der besten Alternative

Aufgrund der in Kapitel 4.3.4 vorgenommen Bewertung und Gewichtung der Alternativen ergibt sich im Bereich des nicht quantifizierbaren Nutzens für den Terminalserver ein Wert von 3,92. Die klassische Client/Server-Architektur erreicht dagegen nur einen Wert von 2,58. Daher stiftet die Alternative TMS einen höheren nicht quantifizierbaren Nutzen.

---

95 Load Balancing ermöglicht je nach Belastung eine Verteilung der User auf die einzelnen Server.

96 Vgl. Kaplan, S., Mangus, M. (2001), S. 39.

97 Vgl. CovaBit AG (2005), o. S.

4.3.9 Sensibilitätsanalyse

Da die Zusammenstellung und Gewichtung der Kriterien subjektiv erfolgen, sollte eine Sensibilitätsanalyse angeschlossen werden. Mit der Sensibilitätsanalyse kann überprüft werden, ob die Änderung eines Input-Faktors das Ergebnis der Nutzwertanalyse nachhaltig beeinflusst. Dabei werden einzelne Inputgrössen variiert, die übrigen Größen werden beibehalten (ceteris paribus), und die Auswirkungen auf das Ergebnis beobachtet.[98]

Sollten einzelne Faktoren größeren Einfluss auf das Ergebnis haben, ist darauf im Rahmen der Risikobetrachtung hinzuweisen.

Die Teilkriterien mit einem hohen Anteil am Gesamtnutzen, in diesem Fall zum Beispiel der Bedienungskomfort oder die Performance, vermögen durch ihr hohes Gewicht am ehesten das Ergebnis zu beeinflussen. Aber auch eine extreme Veränderung der Werte auf das Minimum von 1 oder das Maximum von 5 erzielte in der Gesamtbewertung keine ausschlaggebende Veränderung, d.h. es wurde kein Rangwechsel bewirkt.

Bei den kundenspezifischen Kriterien ist zu beobachten, dass wenn die Bewertungen für den Terminalserver am unteren Enden der Bewertungsskala liegen und gleichzeitig die Client/Server-Alternative in beiden Punkten mit 5 bewertet wird, ein Rangwechsel stattfindet.

Die übrigen Kriterien haben aufgrund ihres geringen Gewichts keinen großen Einfluss auf das Gesamtergebnis. Daher kann von einem stabilen und belastbaren Ergebnis ausgegangen werden.

4.4 Ermittlung und Bewertung des Gesamtnutzens

Um den Gesamtnutzen zu ermitteln werden alle Nutzenaspekte berücksichtigt. Dazu zählen sowohl der monetär messbare als auch der durch die Nutzwertanalyse ermittelte nicht quantifizierbare Nutzen.

---

98 Vgl. Lillich, L. (1992), S. 137f.

4.4.1 Bewertung quantifizierbaren Nutzens

In Kapitel 3.1.3 wurde der quantifizierbare Nutzen mit Hilfe des Costanalyzers ermittelt. Durch die signifikanten Einsparungen von bis zu 53% durch eine Umstellung auf Terminalserver kann hier vom einem wesentlich höheren Nutzen beim Einsatz durch Terminalserver ausgegangen werden.[99]

4.4.2 Bewertung nicht quantifizierbaren Nutzens

Wesentlich schwerer als der monetär messbare Nutzen ist der nicht quantifizierbare Nutzen zu bewerten. Durch den Einsatz der Nutzwertanalyse kann lediglich eine relativ subjektive Bewertung vorgenommen werden, obwohl das Ergebnis durch die Sensibilitätsanalyse bestätigt wird.

Eine Stärke des Teminalservereinsatzes liegt sicherlich darin, dass sich für den Benutzer kaum Änderungen ergeben und daher die Akzeptanz sehr hoch liegt. Häufig bringen Systemwechsel zwar einen wirtschaftlichen Vorteil sowohl für IT-Abteilungen als auch für das Unternehmen, jedoch scheitern die Projekte an der Akzeptanz der Benutzer.[100]

Vielmehr wird der User im Falle einer Umstellung auf Server Based Computing feststellen, dass wesentlich weniger Supportzeiten und Ausfälle des Systems zu beobachten sind.[101] Den größten Vorteil werden jedoch sicherlich die Mitarbeiter im Außendienst, in Zweigstellen oder Reisende erfahren.

Die Terminalserverarchitektur konnte in den meisten Teilkriterien höher Punktzahlen erzielen als die klassische Client/Server-Architektur. Dies liegt vor allem daran, dass er Vorteile der zentralen Administrierbarkeit mit dem gewohnt stabilen Betrieb von Anwendungen kombiniert.

Zu dem nicht quantifizierbaren Nutzen ist abschließend zu sagen, dass die Vorteile nur schwer in die Wirtschaftlichkeitsbetrachtung eingehen können, jedoch konnten offenkundig zumindest keine Nachteile der Terminalserverarchitektur ermittelt werden.

---

99 Vgl. ACE-Costanalyzer (2005c), o. S.

100 Vgl. Kohnke, O. (2005), S. 15f.

101 Vgl. Linde, T. (o.J.), S. 3

5. Wirtschaftlichkeitsbetrachtung

5.1 Wirtschaftlichkeitsanalyse als Unterstützung der Entscheidungsfindung

Die Wirtschaftlichkeitsanalyse bietet Entscheidern die Möglichkeit systematisch an eine Entscheidungsfindung heranzugehen. Mit ihr lässt sich entscheiden welche Investitionsmaßnahme einer anderen vorzuziehen ist.[102] Da viele Sachverhalte in der Realität sich im Allgemeinen als sehr komplex darstellen, erfolgt eine Annäherung durch Vereinfachung des Problems. Anschließend können auf den formalisierten, abstrahierten Inhalt mathematische Methoden angewendet werden, durch die ein formales Ergebnis herbeigeführt wird. Ein solches mathematisches Verfahren ist die Wirtschaftlichkeitsberechnung, mit deren Hilfe es einfacher ist, ein Ergebnis zu erzielen. Im Anschluss an das Formale Ergebnis wird dieses durch Interpretation des Ergebnisses wiederum auf die Realität übertragen und liefert einen oder mehrere Lösungsvorschläge. Darüber gilt es dann zu entscheiden und die entsprechende Alternative umzusetzen, um so eine Lösung des Problems zu erwirken.

Diese Vorgehensweise ist in Abb. 11 dargestellt.[103]

[102] Vgl. Mishan, E.J. (1975), S. 9.

[103] Vgl. Witte, T. (1985), S. 639f.

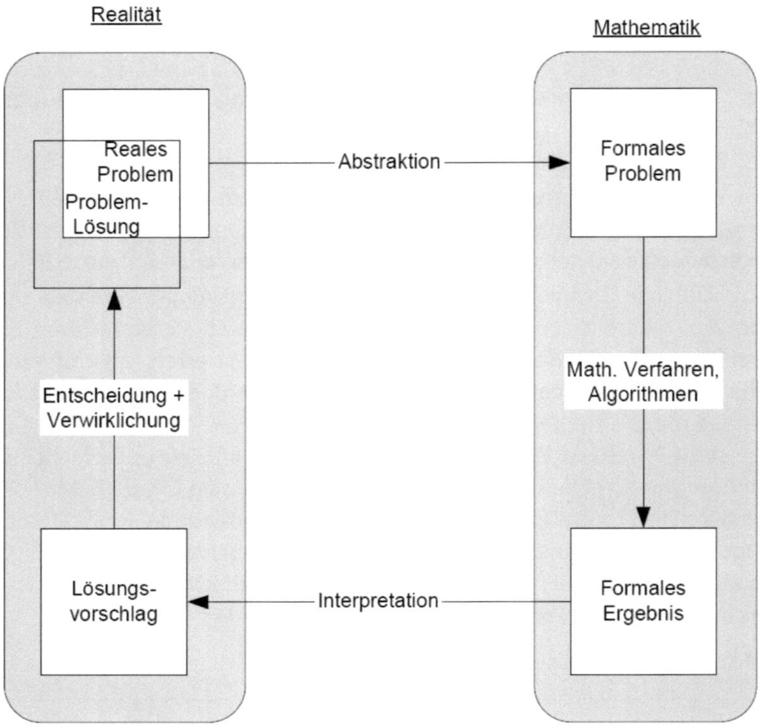

Abb. 11: Grundschema der Entscheidungsunterstützung

Das Hauptaugenmerk liegt in dieser Studie auf der Wirtschaftlichkeit der Umstellung. Das Problem „ Entscheidung pro oder contra Terminalservertechnologie" wurde also auf den Teilaspekt der Wirtschaftlichkeit abstrahiert. Es soll also untersucht werden, ob eine Umstellung auf die Alternative Terminalserver einen wirtschaftlichen Vorteil generiert. Wohl wissend, dass auch andere Faktoren die Entscheidung beeinflussen können. Diese werden im Anschluss an die Wirtschaftlichkeitsbetrachtung der Vollständigkeit halber in Kapitel 5.2 diskutiert.

5.1.1 Vorbetrachtungen

Zu Beginn der Wirtschaftlichkeitsanalyse ist der Fokus der Betrachtung und die Methode festzulegen. Dazu gehört die Darstellung des Ist- und des Sollzustandes. Im IT-Bereich werden durch wirtschaftliche Betrachtungen häufig Investitionsmaßnahmen / -projekte bewertet. Es soll herausgefunden werden, welche Einsparungen die Investition in bestimmte Hardware, Software oder Organisationsveränderung hervorbringen können. Daher müssen auch nicht alle Nutzenaspekte abschließend dargestellt werden, sondern lediglich die Aspekte, in denen die einzelnen Alternativen voneinander abweichen.[104]

In dieser Studie geht es um die Empfehlung „Terminalserverumstellung oder Beibehaltung der bisherigen Client/Server-Infrastruktur" aus wirtschaftlichen Gesichtspunkten. Eigentlich wird sogar noch eine weitere Alternative betrachtet, die Umstellung auf SBC mit 100% ThinClient-Anteil. Diese Alternative kann aber als Erweiterung der Terminalserver-Alternative betrachtet werden. Als Basis der Betrachtung sollen die Betriebskosten per annum herangezogen werden. Im folgenden Abschnitt wird die Methode der WB erläutert und durchgeführt.

5.1.2 Die Kosten-Vergleichsrechnung als Methode für die Wirtschaftlichkeitsberechnung

Die Kosten-Vergleichsrechnung ist ein statisches Verfahren zur Wirtschaftlichkeitsberechnung. Da in unserem Fall die Kosten und Nutzen auf jährlicher Basis errechnet und bereitgestellt werden, und sich die Zahlen periodenübergreifend nicht oder nur sehr marginal unterscheiden, ist ein statisches Verfahren gerechtfertigt. Diese Methode stellt die Kosten der einzelnen Alternativen gegenüber. Dabei geht die Kosten-Vergleichsrechnung davon aus, dass die beiden Alternativen den gleichen Leistungsumfang haben,[105] da ansonsten auch noch der Nutzen mit einbezogen werden müsste.[106]

Ziel ist es im allgemeinen die Leistung seiner IT zu verbessern. Da in dieser Studie die Umstellung von Client/Server auf Terminalserver betrachtet wird, muss die konkurrierende Alternative (Terminalserver) mindestens den gleichen Leistungsumfang wie die bestehende Alternative aufweisen. Dies kann anhand des Nutzens der beiden Lösungen beurteilt werden. Bezogen auf den monetär messbaren und nicht messbaren Nutzen ist dies der Fall. Die TMS-Technologie stiftet in monetärer Hinsicht durch die Einsparungen von Kosten einen höheren Nutzen. Auf dem nicht monetär messbarem Sektor erzielen Terminalserver ebenso einen

---

[104] Vgl. Dworatschek, S, Donike, H. (1972), S. 41.

[105] Vgl. Schmidt, J. (1977), S. 49.

[106] Vgl. Dworatschek, S, Donike, H. (1972), S. 42.

höheren Nutzen, wie durch die Nutzwertanalyse nachgewiesen wurde (vergleiche Kapitel 4.4).

Der monetär messbare Nutzen gegenüber der C/S-Architektur sind die Kosteneinsparungen (vergleiche Kapitel 4.1), die sich aus der Differenz der Betriebskosten beider Alternativen ergibt. Somit kann sich diese Studie auf einen Kostenvergleich beschränken. Der nicht messbare Nutzen wird im Anschluss an die Kostenvergleichsrechnung diskutiert. In Tabelle Tabelle wird die Kostenvergleichsrechnung durchgeführt.

	C/S	**TMS**	**TMS 100% ThinClients**
Kosten p.a. incl. Migrationskosten	12.246.534	6.187.227	5.771.154
Einsparungen	0	6.059.307	6.475.380
Prozentuale Einsparungen		49%	53%

Tabelle 7: Kostenvergleichsrechnung

Wie in Kapitel 3.1 dargestellt, handelt es sich bei dem TCO-Kostenmodell um eine Vollkostenrechnung. Daher dürfen in die weiteren Betrachtungen der Wirtschaftlichkeit nur Delta-Werte eingehen.[107] Dazu wurde in Tabelle 7 die Zeile Einsparungen eingefügt. Die Berechnung ergibt sich aus der Differenz der Kosten für die jeweils neuen Alternativen (TMS bzw. TMS 100% ThinClient) und der bisherigen, abzulösenden Alternative C/S. Die Werte der prozentualen Einsparungen ergeben sich aus dem Verhältnis der Einsparungen zu den TCO der Client/Server-Infrastruktur. Die Abweichung von den Ergebnissen des Costanalyzers (48% und 52%) ergeben sich aus den beim Costanalyzer nicht berücksichtigten indirekten Kosten und Migrationskosten.

Das Ergebnis der Kostenvergleichsrechnung zeigt, dass die Hälfte der Betriebskosten durch einen Wechsel auf eine Terminalserverarchitektur eingespart werden können.

Das Ergebnis verblüfft nicht, da die größten Einsparungspotenziale im Bereich der Personalkosten des Change-Management und im Support-Bereich vermutet wurden und diese Bereiche ca. drei Viertel der Kosten

[107] Vgl. Brugger, R. (2005), S. 263.

einnehmen. In Terminalserverumgebungen können die Change-Management-Kosten auf einen Bruchteil reduziert werden (vergleiche Abb.). Dies ergibt sich durch die zentrale Administration und Installation der Anwendungen. Die Verbreitung der Clientkomponente entfällt. Die Entstörungsmaßnahmen durch den Help-Desk sind seltener und die Fehler sind einfacher einzugrenzen und zu beheben, da die örtliche Nähe zum Mitarbeiter nicht gegeben sein muss.

Die Einsparungen lassen sich noch einmal steigern, wenn der SBC-Gedanken zu 100% umgesetzt wird. Statt teure, „ normale" Desktops einzusetzen, lohnt sich der Umstieg auf eine ThinClient-Plattform. Da alle Applikationen auf dem Server betrieben werden, wären Desktops (Thick-Clients) ohnehin nicht ausgelastet. ThinClients sind auf die Bedürfnisse des SBC konzipiert und bieten ausreichend Leistung für dieses Anwendungsfeld. Sie verzichten auf Festplatten und benötigen zusätzlich nur den Terminalclient, um die Verbindung zum Server herzustellen. Die Einsparungen ergeben sich aus den niedrigeren Kosten für die Hardware. Ebenso ist die Hardware für alle Mitarbeiter identisch, was auch den Austausch der Geräte vereinfacht.[108]

5.2 Bewertung des nicht quantifizierbaren Nutzens

Die Diskussion des nicht quantifizierbaren Nutzens kann die Kostenvergleichsrechung, sprich die monetären Aspekte zwar nicht beeinflussen oder zugunsten einer Alternative verändern, jedoch wird durch diese Methodik sichergestellt, dass auch diese Aspekte des Nutzens erwähnt werden. Damit können auch nicht monetäre Gesichtspunkte, wenn auch eventuell nur unbewusst, berücksichtigt werden und in die Entscheidung eingehen.[109]

Anhand der in Kapitel 4.3.4 festgelegten Nutzenkriterien wird im Folgenden der nicht bezifferbare Nutzen erläutert.

---

[108] Vgl. Margevicius, M.A. (2004), S. 2.

[109] Vgl. Kroés, G. (1973), S. 21f.

5.2.1 User-spezifische Kriterien

Bei großen Umstellungen im Anwendungsbereich ist es ein wichtiger Aspekt, die Akzeptanz der Benutzer zu berücksichtigen. Gelingt es nicht den Benutzer auf die Seite des Projektes bzw. der Entscheidungsträger zu holen, ist dieses Projekt zum Scheitern verurteilt.

Auf der eine Seite spielen Rationalisierungsängste eine Rolle, auf der anderen Seite sind es ergonomische Aspekte. Ebenso könnte die Umstellung für den User eine lange Eingewöhnungszeit in das neue System bedeuten. Diese Gründe oder die Unwissenheit, was das neue System bringt, lassen die User häufig auf innere Ablehnung zum neuen System gehen.

Bei der Umstellung auf Terminalserver sind diese Effekte nicht zu erwarten. Es ändern sich weder die Arbeitsabläufe noch Anwendungssysteme. Die Benutzer arbeiten mit den gleichen Anwendungssystemen wie vor der Umstellung. Und auch eine Änderung der Organisation ist nicht erforderlich. Diese könnten sich höchstens im IT-Support ergeben. Jedoch sollten die Benutzer frühzeitig auf das neue System vorbereitet und geschult werden.[110]

5.2.2 Organisationsspezifische Kriterien

Die teminalserverbasierte Architektur ist wesentlich einfacher zu administrieren als eine klassische Client/Server-Umgebung. Die wesentlichen Einsparungen werden in diesen Bereichen erzielt.

5.2.3 Sicherheitsrelevante Kriterien

Datensicherheit ist in Unternehmen ein wichtiges Thema. Terminalserver bieten den Vorteil, dass Daten nicht lokal gespeichert werden, so dass sie gegen Diebstahl von z.B. Laptops geschützt sind und auf einem zentralen Server der automatisierten Datensicherung unterliegen.[111]

---

110 Vgl. Stahlknecht, P., Hasenkamp, U. (2002), S. 502.

111 Vgl. Girard, J.(2004), S. 4f.

5.2.4 Kundenorientierte Kriterien

Vor allem Außendienstmitarbeiter profitieren von einer Umstellung, da sie nun von unterwegs auf Echtzeit-Daten des Unternehmens zugreifen können und so ihre Beratungsdienstleitungen mit der gleichen Qualität wie im Büro durchführen können. Anfragen können schneller bearbeitet und bei Bedarf können die Daten sofort im produktiven System erfasst werden.

5.3 Risikoanalyse

Zu einer Wirtschaftlichkeitsbetrachtung muss ergänzend auch immer eine Risikoanalyse durchgeführt werden. Die Risikoanalyse sollte in einem Projekt möglichst früh durchgeführt und auch während des Projektverlaufes immer wieder aktualisiert werden, da die Wurzel des Risikos bereits in der Planungsphasen erkannt werden können. Je früher die Risiken erkannt und beseitigt werden, desto realistischer ist der Kosten- und Zeitplan.

Zu einer Risikoanalyse gehört es, die entsprechenden Risikoaspekte aufzudecken, mit Eintrittswahrscheinlichkeiten zu versehen und monetär zu bewerten.[112]

Im Bereich der Kosten dieses Projektes ist das Risiko einer Abweichung als eher gering anzusehen. Die Kosten werden durch Marktpreise vorgegeben und durch Personalkosten relativ realistisch geschätzt. Die Eintrittswahrscheinlichkeit ist daher als hoch anzusehen. Dennoch kann es in Projekten immer wieder zu Problem kommen, die dann den Aufwand für Personalkosten ansteigen lassen. Abweichungen könnten bei den Migrationsaufwenden entstehen, diese sind aber aufgrund ihrer absoluten Höhe generell eher zu vernachlässigen.

Eine größere Problematik besteht bei der Eintrittswahrscheinlichkeit des Nutzens. Der größte Teil des Nutzens besteht aus den Einsparungen von Personalkosten für die Betreuung der Applikationen und Support bzw. HelpDesk. Da es sich hierbei um Personalkosten handelt, kann der Nutzen erst dann eintreten, wenn entsprechende Personalkapazitäten um-

---

[112] Vgl. Brandt, T. (2004), o. S.

gesetzt oder umgeschult werden können. Daher sind Personaleinsparungen als ein eher langfristiger Nutzenaspekt zu betrachten.

Das Risiko der technischen Umsetzung und der technischen Nutzenaspekte ist gering. Viele Unternehmen haben bereits erfolgreich auf die SBC-Lösungen umgestellt. Auch die schwer zu beurteilende Akzeptanz der Benutzer ist durch eine Vielzahl von Projekten nachgewiesen worden.[113]

5.4 Entscheidungshilfe Thin-Client oder Thick-Client

Die Umstellung auf eine Terminalserver-Architektur ist nicht für alle Anwendungsszenarien sinnvoll. Bevor eine Entscheidung pro oder contra Server Based Computing fällt, müssen die Anwendungsfälle näher betrachtet werden. Client/Server-Plattformen bieten Mitarbeitern die Möglichkeit Software zu installieren, Einstellungen vorzunehmen und die Anwendungen lokal auf ihrem Notebook von unterwegs zu betreiben. Diese Freiheit wird allerdings teuer mit aufwendiger Wartung, Versionsaktualisierungen und heterogenen Systemen bezahlt. Die einzelnen PC's laufen versionsmäßig und softwareseitig auseinander. Terminalserver-Architekturen haben in diesen Szenarien einige Vor- aber auch Nachteile. So müssen User, die unterwegs ihre Anwendungen nutzen möchten, immer online sein bzw. immer mit dem Internet oder dem Rechenzentrum verbunden sein. Weiterhin sind nicht alle Anwendungen für den Betrieb auf einem Terminalserver geeignet.

Es ist also vorher genau abzuwägen, welches Anwendungsszenario betrachtet werden soll. Es kann anhand der folgenden Checklisten ausgewählt werden, welche Art von Clients für den eigenen Anwendungsfall geeignet ist.[114]

Entscheidung für eine ThinClient-Architektur, wenn:

- hohe Sicherheitsanforderungen bestehen.
- räumliche Beschränkungen bestehen.

---

[113] Vgl. Messerknecht IT-Lösungen (2005), S. 4.

[114] Vgl. Margevicius, M.A. (2004), S. 3f.

- Arbeitsplätze mit zielorientierten Arbeiten z.B. im Call-Center erforderlich sind.
- eine Reinvestition der PCs aufgrund neuer Funktionalitäten geplant ist.
- wenn Applikationen als Service Provider angeboten werden sollen.
- wenn keine oder nur eine minimale Desktopverwaltung stattgefunden hat.
- Anwendungen installiert werden, die wenig Clientressourcen benötigen.
- TCO im Clientbereich reduzieren werden sollen.

Entscheidung für eine Desktop-Architektur (Thick-Client), wenn:

- hohe Performance-Anforderungen für die lokalen Anwendungen bestehen.
- eine gute Desktopverwaltung und -Überwachung vorhanden ist.
- aufgrund von politischen oder unternehmenskulturellen Einflüssen nicht umgestellt werden kann.
- Anwendungen eingesetzt werden, die auf bestimmt Hardware festgelegt sind.
- die Kosten für die Netzwerkbenutzung sehr hoch sind.
- Umstellung von Anwendungen keinen positiven Nutzen bringen.

In der Praxis wird es aufgrund unterschiedlicher Anwendungsszenarien daher auf eine gemischte Lösung hinauslaufen. Auf der einen Seite können die klassischen Office-User, die den größten Anteil der Benutzer ausmachen, mit ThinClients ausgestattet werden. Für sie ist der Umstieg ohne größere Umstellung durchzuführen. Softwareentwickler oder CAD-Arbeitsplätze werden weiterhin mit Desktops ausgestattet bleiben. Performance-Einbußen und zu geringe Farbtiefe sprechen gegen eine zentrale Lösung für diese Anwendungen. Klassische Office-Anwendungen können jedoch auch über einen TMS-Client aufgerufen werden. Außendienstmitarbeiter werden auch mit Notebooks ausgestattet, auf denen die Applikationen lokal installiert sind. Bei Bedarf können sie sich über einen TMS-Client in das LAN verbinden und auf zentrale Systeme zugreifen.[115]

Die Einführung einer Server Based Computing-Lösung muss nicht automatisch alle Desktops betreffen. Die SBC-Lösung kann auch zunächst nur einzelne Anwendungen, Bereich oder Abteilungen erreichen. Im Allgemeinen ist jedoch zu beachten, dass je großflächiger das System eingesetzt wird, desto höher werden die Einsparungsmöglichkeiten sein.[116]

5.5 Kritische Gesamtbewertung

Abschließend soll eine kritische Gesamtbewertung unter den Gesichtspunkten der Plausibilität und Stabilität, der Realisierbarkeit, der Einschränkungen der Alternativen und Vergleichbarkeit mit anderen Stellen gegeben werden.

5.5.1 Stabilität der Alternativen

Kosten- und Nutzenanalyse inklusive Sensibilitätsanalyse haben gezeigt, dass das Ergebnis stabil ist. Eine Umstellung kann zu erheblichen Einsparungen bis hin zu 49% bzw. 53% führen. Jedoch müssen diese Zahlen bei einem wie in Kapitel 5.4 beschriebenen gemischten Einsatz von Desktops und ThinClients etwas relativiert werden.

Der Gartner HypeCycle zeigt, dass die Technologie der SBC bereits im Jahr 2004 Marktreife erlangt hat.[117]

Terminalserver lassen sich auch im großen Stil betreiben. Citrix bietet ab einer Anwenderzahl von 1000 Usern die Enterprise Edition an, so dass diese Alternative auch für Großunternehmen interessant ist.

5.5.2 Einschränkungen der Alternativen

Bei der kritischen Bewertung sollten auch noch einmal die Einschränkungen der Alternativen beleuchtet werden. Die Terminalserverarchitektur

---

[115] Vgl. Kaplan, S., Mangus, M. (2001), S. 273f.

[116] Vgl. Kaplan, S. (2001), S. 122.

[117] Vgl. Fiering, L., et al (2004), S. 5.

eignet sich nicht für speicherintensive Anwendungen. Der Fokus dieser Studie liegt jedoch auf den klassischen Office-Anwendungen, so dass hier keine Einschränkungen benannt werden müssen.

5.5.3 Realisierbarkeit

Was die Realisierbarkeit der Umstellung angeht, haben schon einige Firmen oder öffentliche Verwaltungen gezeigt, dass eine Umstellung funktioniert und Sinn macht, so zum Beispiel die Finanzverwaltung Nordrhein-Westfalen.[118]

Ebenso haben beispielsweise auch Krankenhäuser die Umstellung erfolgreich vollzogen. Dabei wurde vor allem die gute Anbindungsmöglichkeit verschiedener Standort genutzt.[119]

Die Realisierbarkeit aus technischer Sicht ist überschaubar. Es müssen neue Server beschafft, installiert und konfiguriert werden. Dabei sollten unerfahrene Administratoren auf die Hilfe externer Dienstleister zurückgreifen. Bei einem geplanten Austausch der Clients, eventuell sogar durch Thin-Clients, sollten vorab die Planungen für einen möglichst reibungslosen Roll-Out gemacht werden. Zunächst müssen jedoch alle Applikationen auf ihre Fähigkeit überprüft werden, auf einem Terminalserver eingesetzt werden zu können. Die meisten modernen Anwendungen sind problemlos auf einem Terminalserver zu betreiben, jedoch sind nicht alle Anwendungen dafür gleichermaßen vorbereitet oder geeignet. Eventuell sind bei älteren 16-Bit-Eigenentwicklungen Anpassungen durch die Anwendungsentwicklung zu machen.[120]

Bei der Umsetzung sollte jedoch eine bestimmte Vorgehensweise eingehalten werden. Zunächst sollte vor der Entscheidung ein Pilot-Projekt aufgesetzt werden. Dadurch kann evaluiert werden, ob die Alternative Terminalserver für das eigene Unternehmen die richtige Entscheidung ist. Das Pilotprojekt sollte mit einer nicht produktiven Anwendung beginnen und anschließend auf die operative Umgebung ausgebaut werden.[121]

---

118 Vgl. enteo Software GmbH (2003), o. S.

119 Vgl. Fresenius Netcare GmbH (2004), S. 1ff.

120 Vgl. Staudigl, R. (2003), o. S.

121 Vgl. Kaplan, S., Mangus, M. (2001), S. 118f.

Im Nachgang des Pilotprojektes wird ein Gremium gebildet, welches die Ergebnisse dokumentiert und entscheidet, ob auf die Server Based Computing-Architektur umgestellt wird. Dabei kann die Entscheidung auch in abgestufter Weise zunächst nur für einige Abteilungen gelten.[122]

Die Entscheidung für oder gegen das Server Based Computing sind bei einem derartig einschneidenden Projekt auch immer durch unternehmenskulturelle Gegebenheiten geprägt. Die Kosten einer zentralen Architektur liegen auf jeden Fall unter denen einer verteilten, jedoch können versteckte Kosten durch Unruhe im Unternehmen entstehen.

Es existieren vielleicht in einigen Abteilungen eigene kleine EDV-Abteilungen, die die abteilungsspezifischen, eventuell selbsterstellten Applikationen betreuen. Hier könnte eine stärkere Kontrolle durch die zentrale IT-Abteilung befürchtet werden.

Ein weiteres Problem ist die Umsetzung und Umschulung der nicht mehr benötigten Mitarbeiterressourcen im Bereich Support oder HelpDesk. Jedoch entstehen durch neue Technologien auch immer neue Aufgabenbereiche. Das Gremium hat zu entscheiden in wie weit sich dies mit der Unternehmenskultur und -politik vereinbaren lässt. An dieser Stelle sollte auch erwähnt sein, dass sich ein solches Gremium rechtzeitig die Unterschützung der Unternehmensführung sichern sollte. Ohne die Unterstützung des Vorstandes sind viele Prozesse und Hürden schwierig und langwierig zu nehmen.[123]

---

122 Vgl. Kaplan, S., Mangus, M. (2001), S. 122.

123 Vgl. Kaplan, S., Mangus, M. (2001), S. 122ff.

6. Fazit

In den 80er Jahren begannen Personal Computer die Großrechner abzulösen. Seit dem werden viele Anwendungen lokal auf dem Arbeitsplatzrechner der einzelnen Benutzer betrieben. Zu aufwendig war der Betrieb der Großrechner, zu teuer die Entwicklung von Programmen und zu unflexibel waren die Terminals in ihrem Einsatz. Mit wachsenden Anforderungen grafischer Art waren die damaligen Großrechner überfordert, so dass die Businesslogik und Berechnungen für Grafiken auf den Client verlagert wurden. Es wurde Client/Server-Programmierung im großen Stil betrieben. Nahezu alle Anwendungen besitzen eine Datenbank und eine Clientkomponente, die die Businesslogik und die grafische Darstellung übernimmt.

In den letzten Jahren haben sich einige grundlegende Anforderungen und Rahmenbedingungen geändert. Netzwerke werden immer größer, Außendienstmitarbeiter sollen Anwendungen auch unterwegs nutzen können und Filialen sollen an zentrale Server angebunden sein. Anwendungen sollen darüber hinaus über das Internet erreichbar sein und die Update- und Releasewechselzyklen durch die Hersteller werden immer kürzer und dadurch häufiger.

Die Administratoren, die diese Netzwerke betreuen, stellen für die Firmen einen erheblichen Kostenfaktor dar. Gerade weil ein großer Teil der zu betreuenden Produkte dezentral auf den einzelnen Clients verteilt ist, sind Change- Managementprozesse sehr aufwendig und zeitintensiv. Jeder Roll-Out einer neuen Software-Client-Komponente bedeutet zusätzlichen Aufwand und verursacht Systemausfälle oder geplante Nichtverfügbarkeit von Systemen.

Es spricht also alles für eine erneute Zentralisierung der Softwarekomponenten. Dies ist mit der Erlangung der Marktreife von Server Based Computing-Lösungen möglich, so dass sich der Trend Anwendungen zentral bereitzustellen verstärkt.

Applikationen, die normalerweise auf einem Client installiert würden, werden zentral gehosted und alle Mitarbeiter greifen über ein Gateway auf diese Applikation zu. Die Entwicklungen in der Bandbreite der Übertragungsmedien machen es für die breite Masse möglich, von jedem beliebigen Ort aus auf die zentralen Systeme zuzugreifen.

Das größte Einsparungspotenzial befindet sich im Bereich Change Management und Support. Rechner müssen nicht ständig mit Updates versorgt werden und Sicherheitsmechanismen verhindern, dass Mitarbeiter eigene Applikationen installieren. So bleiben die Rechner im Standard und Support, Fehlersuche und Austausch der Clients ist wesentlich einfacher und schneller zu lösen.

Die Kostenanalyse hat unter Berücksichtigung der direkten, indirekten und Migrationskosten gezeigt, dass sich erhebliche Einsparungsmöglichkeiten beim Einsatz von Terminalservern ergeben. Diese sind vor allem bei den direkten Kosten im Bereich der Personalkosten für Administration, Update und Change Management und im User-Support zu finden. (Vergleiche Tabelle).

Die indirekten Kosten sind ebenfalls wesentlich geringer bei den Terminalserver-Lösungen. Sie belaufen sich auf cirka ein Drittel der Kosten für die Client/Server-Architektur.

In der Tabelle ist auch zu erkennen, dass die Migrationskosten vernachlässigbar klein sind. Sie nehmen etwa nur 1% der Gesamtkosten ein.

Die Analyse des Nutzens beschränkt sich im monetären Bereich auf die Ermittlung der Differenz zwischen den Betriebskosten abzüglich der einmaligen Umstellungskosten. Natürlich ist dieser Teil des Nutzens der entscheidende, jedoch sollte sich auch dem nichtquantifizierbaren Nutzen gewidmet werden. Deren Ermittlung ist wesentlich schwieriger, da keine Messgröße angelegt werden kann und häufig auf Erfahrungswerte oder empirische Untersuchungen zurückgegriffen werden muss.

Die Analyse des nicht monetär messbaren Nutzens beleuchtet die unterschiedlichsten Facetten der Nutzenfaktoren. Dazu sind in dieser Studie die Bereiche IT-organisationsspezifische, userspezifische, sicherheitsrelevante und Faktoren mit Wirkung auf Kundenkreise betrachtet worden. Um sich dem nicht monetär messbarem Gesamtnutzen zu nähern, wurde die Nutzwertanalyse als eine Methode, die für ein solches multidimensionales Zielsystem geeignet ist, ausgewählt.

Dabei wurde besonderes Augenmerk auf die userspezifischen und die kundenorientierten Hauptkriterien gelegt. Diese nehmen zusammen mit 65% den größten Anteil am Gesamtnutzen ein.

Die Client/Server-Umgebung kann nur im Bereich Performance eine höhere Punktzahl erzielen. In allen übrigen Kriterien wird der Terminalserver höher bewertet. Damit ist die Terminalsevertechnologie die Alternative mit dem höheren nicht monetär messabaren Nutzen.

Die Wirtschaftlichkeitsbetrachtung hat gezeigt, dass sich bis zu 53% der Betriebskosten einsparen lassen (vergleiche Tabelle).

Zwar kann durch die zentrale Administration viel Geld eingespart werden, doch ist Server Based Computing für alle Anwendungsfälle die optimal Lösung? Sicherlich nicht! Es müssen die in Kapitel 5.4 erwähnten Anwendungsszenarien unterschieden werden. Terminalserver-Architekturen haben auch ihre Schwächen.

Die liegen vor allem im Bereich von Anwendungen, die sehr speicherintensiv sind sowie im CAD-Bereich.

So wird es Entwicklern einfach zu lange dauern, bis sie eine Antwort vom zentralen Server auf ihrem Bildschirm erhalten. Ebenso können CAD-Zeichner mit einer Farbtiefe von 24-Bit nicht vernünftig arbeiten.

Generell lohnt sich das Paradigma des Server Based Computing im Bereich standardisierter PC-Arbeitplatzausstattung am ehesten. Die meisten Mitarbeiter im Unternehmen benötigen lediglich die klassischen Office-Anwendungen, einen E-Mail- und SAP-Client. Werden diese Mitarbeiter über den Terminalservice mit ihren Anwendungen bedient, sind häufig schon 80% der Mitarbeiter abgedeckt.

Im Bereich von Spezialanwendungen, Designern und Entwicklern werden die klassischen Desktops nicht durch Terminals ersetzt werden können. Die Anforderungen an Performance sind einfach zu hoch.

Dies ist auch der Grund warum in der Praxis sich sicherlich eine gemischt Umgebung etablieren wird. Die Masse kann über Terminals auf ihre Anwendungen zu greifen. Für High-Performance-User wird der Desktop oder für Außendienstler das Notebook erhalten bleiben.

Diese Studie hat sich auf die Betrachtung der klassischen Office-Anwendungen beschränkt. Werden auch die im Absatz zuvor genannten Nischenprodukte betrachtet, so sind die Einsparungsmöglichkeiten von bis zu 53% sicherlich zu relativieren.

Prinzipiell kann als Ergebnis bestätigt werden, dass der Einsatz von Server Based Computing-Lösungen oder die Umstellungen darauf erhebliche Einsparungspotential der TCO beinhalten, bei gleichzeitiger Steigerung des Nutzens.

Viele Unternehmen setzen Terminalserver schon ein, um Außenstellen anzubinden. Jedoch muss der SBC-Gedanken konsequent zu Ende gedacht werden, um die Vorteile optimal für sich nutzen zu können.

Viele Unternehmen haben aber auch schon vollständig auf Teminalserver umgestellt und gezeigt, dass die Potentiale ausgeschöpft werden können. Es bedarf wahrscheinlich noch einer Reihe „ Success Stories „ bis ein Großteil der CIOs sich mit dem Thema ernsthaft beschäftigt. Zu groß ist die Verbundenheit mit den Desktopsystemen. Ein weiterer Grund ist die verlorengehende Freiheit, Einstellungen auf seinem Rechner vornehmen zu können. Dies unterbinden jedoch auch heute schon die meisten Betriebssysteme, um den Standard zu wahren.

In vielen Unternehmen werden Entscheidungen nicht nur durch reine Wirtschaftlichkeitsbetrachtung getroffen. Sehr häufig haben Unternehmenskultur, -politik und der Betriebsrat großen Einfluss auf Entscheidungen.

Terminalserver-Systeme haben noch großes Wachstumspotenzial und stellen im klassischen Office-Computing sicherlich eine ernstzunehmende Alternative zum klassischen Desktop-Computing dar, wenn unternehmenspolitische und -kulturelle Ziele mit dem Ziel der Wirtschaftlichkeit in Einklang gebracht werden können.

Literaturverzeichnis

ACE-Costanalyzer (2005a), Calculations explaind, Internettool ACE-Costanalyzer, Download 22.07.2005 http://www.acecostanalyzer.com/ReportsExplanation.asp

ACE-Costanalyzer (2005b), FAQs, Internettool ACE-Costanalyzer, Download 22.07.2005 http://www.acecostanalyzer.com/faq.asp

ACE-Costanalyzer (2005c), 3-Year Summary: Comparison & Savings, Download 18.06.2005

Brandt, T. (2004), Projektmanagement und Projektcontrolling, Symposion Publishing GmbH, Download 27.07.2005
http://www.symposion.de/projektmanagement/19150101.htm

Brüggemann, T. (2003), Vorlesung: Datenorganisation SS2003, Institut für Wirtschaftsinformatik, Wirtschaftswissenschaftliche Fakultät Universität Hannover, Download 24.07.2005 http://www.iwi.uni-hannover.de/lv/do_ss03/do-10.pdf

Brugger, R. (2005), Der IT Business Case, Springer-Verlag, Berlin

Citrix Systems Inc. (2001), MetaFrame 1.8 bis MetaFraem XP: Funktionsupdate, Citrix Professional Courseware, Fort Lauderdale

Citrix Systems Inc. (2004), Glossar, Download 22.07.2005
http://www.citrix.ch/index.cfm?FC0C48235D2A431593A8D8D9AA28386B

Citrix Systems Inc. (o.J.), Produktbeschreibung: Citrix Password Manager, Download 22.07.2005 http://www.citrix.com/English/PS/products/product.asp?familyID=19&
productID=7181

Comparex Informationssysteme GmbH (2005), Wirtschaftlichkeitsanalysen als Entscheidungsgrundlage zur Durchführung von IT-Projekten, Download 19.03.2005

http://www.comparex.de/download/services/Wirtschaftlichkeit_WhitePaper.pdf

CovaBit AG (2005), CITRIX - Clevere Lösungen für mobile Mitarbeiter, Download 21.07.2005 http://www.covabit.com/gradeUP_2005_2/gradeUP0502S15.pdf

Diederichs, C. J. (1985), Wirtschaftlichkeitsberechnungen Nutzen/Kosten-Untersuchungen, expert Verlag, Sindelfingen

Dreyer, C., (2002) Citrix MetaFrame und Windows Terminal Services, mitp-Verlag, Bonn

Droste, F., (1986), Die Kosten-Nutzen-Analyse von EDV-Projkten im Phasenkonzept. Problemlösungsansätze in Form von Modelle und standardisierten Verfahren, Inauguraldisseertation, Julius-Maximilians-Universität Würzburg

Dworatschek, S., Donike, H., (1972), Wirtschaflichkeitsanalyse von Informationssystemen, de Gruyter, Berlin

Enck, J., Margevicius, M., (2004), Thin-Client Computing Dictates Fat-Server Infrastructure, Gartner Inc.

enteo Software GmbH (2003), RECHENZENTRUM DER FINANZVERWALTUNG NORDRHEIN-WESTFALEN(RZF NRW), Download 05.07.2005 http://www.enteo.com/portal/referenzkunden/dateien/rzf_nrw_de_030904_162526.pdf

Fiering, L., Atwal, R., Byrne, J., Gilliland, M., Gammage, B., Kort, T. (2004), Hype Cycle for PC Technologies, Gartner, Inc.

Freericks, C. (2002) Methodenzuordnung „ V-Modell", Informatik Universität Bremen, Download 02.05.2005 http://www.informatik.uni-bremen.de/uniform/gdpa/methods_d/m-ba.htm

Fresenius Netcare GmbH (2004), Einführung von Citrix bei den Kliniken des Main-Taunus-Kreises durch die Fresenius Netcare GmbH, Download 05.07.2005 http://www.fresenius-netcare.de/internet/fnc/intncpub.nsf/AttachmentsByTitle/citrix.pdf/FILE/Citrix.PDF

Gartner Inc. (2003), Distributed Computing - chart of accounts, Download 02.05.2005 http://www.gartner.com/4_decision_tools/modeling_tools/costcat.pdf

Girard, J. (2004), Client Security Considerations for Server-Based-Computing, Gartner Inc.

Groh, G. Total Cost of Ownership - Diskussion und Anbieterpositionierung, Kapitel 2, in: Bullinger, H.-J., TCO: Total Cost of Ownership, Stuttgart, 1997

HP Compaq AG (2005), t5300 Thin-Client - Übersicht, Download 22.07.2005 http://h10010.www1.hp.com/wwpc/de/de/sm/WF05a/34515-342021-342021-342021-637687-1349641.html

Kaplan, S., Mangus, M. (2001), Citrix Server-Based Computing, mitp-Verlag, Bonn

Karner, H. (o. J.), Was kostet Informationstechnologie?, Download 06.08.2005 http://www.eday.at/vortraege/Julius_Raab_Saal/01/karner_herbert.pdf

Kitagawa, M., Margevicius, M., Silver, M. (2004), When thin clients can narrow your TCO, Gartner Inc.

Kohnke, O. (2005), Change Management als strategischer Erfolgsfaktor bei ERP-Implementierungsprojekten, Universität Mannheim, Download 19.06.2005 http://www.psychologie.uni-mannheim.de/psycho1/Publikationen/MA%20Beitrae-ge/05-01/2005-01_Beitrag02_Kohnke.pdf#search='Gr%C3%BCnde%20f%C3%BCr %20%20 Scheitern%20von%20ITProjekten%20Akzeptanz'

Kredel, L. (1999), Wirtschaftlichkeit von Bürokommunikationssystemen - Eine vergleichende Darstellung, de Gruyter, Berlin

Kroés, G. (1973), Nutzwertanalyse - Vergleichende Beurteilung von Aussiedlungen, Münster

Lillich, L. (1992), Nutzwertverfahren aus der Reihe Schriften zur Quantitativen Betriebswirtschaftslehre, Physica-Verlag Heidelberg

Linde, T. (o. J.), 99% Verfügbarkeit, Logistik-Projekt der Reditech Automation GmbH, Download 19.06.2005 http://www.reditech-automation.de/FILES/Reditech_In-touch_Project.pdf

Margevicius, M.A. (2004), How to Choose Between Thick- and Thin-Client Architectures, Gartner Inc.

Messerknecht IT-Lösungen (2005), Jumping Profiles, Download 22.07.2005 http://www.jumpingprofiles.de/files/jp_folder2005.pdf

Mishan, E.J. (1975), Elemente der Kosten-Nutzen-Analyse, campus Verlag Frankfurt/New York

Network Computing (2005), Windows-Terminal-Server - Dicke Leistung, dünne Clients, Download 22.07.2005 http://www.networkcomputing.de/cms/7913.0.html

Recktenwald, H. (1971), Die Nutzen-Kosten-Analyse, Recht und Staat

Riepl, L. (1998), TCO versus ROI, in: IM Information Management (2/1998), S. 7-12

Rosal,C. (o. J.), Citrix Access Stratgie, Citrix-Präsentation, Download 19.06.2005 http://h40132.www4.hp.com/upload/ch/de/Citrix.pps

Schmidt, J. (1977), Wirtschaftlichkeit in der öffentlichen Verwaltung, Erich Schmidt Verlag, Berlin

Scholles, F. (2001), Planungsmethoden, Kapitel 4. Zielsysteme und Entscheidung, Universität Hannover, Download 31.05.2005 http://www.laum.uni-hannover.de/ilr/lehre/Ptm/Ptm_Ziele.htm

Schüler,P., (2005), Office aus dem Netz in: C'T - Magazin für Computertechnik (1/2005), Heise Zeitschriften Verlag, Hannover, S. 178-183

Stahlknecht, P., Hasenkamp, U. (2002), Einführung in die Wirtschaftsinformatik, Springer-Verlag, Berlin

Staudigl, R. (2003), Desktops in der Ferne: Windows-Terminalservices, Mitteilungen des Zentralen Informatikdienstes der Universität Wien, Download 19.07.2005 http://www.univie.ac.at/comment/03-1/031_22.html

von Suchodoltz, D. (2000), Betriebshandbuch Thin-Clients auf Linuxbasis, Universität Göttingen, Download 02.05.2005 http://www.stud.uni-goettingen.de/~dsuchod/ldc/node1.html

Taschkow, N. (2004), Praxishandbuch Microsoft Terminal Server und Citrix MetaFrame, WEKA Verlag-Verlag, Zürich

Toshiba Europe GmbH (2005), IT-Strategie - PCs unter die Lupe genommen, Download 19.06.2005 http://www.toshiba.de/computer/tnt/tco/tcomodell.htm

Wikipedia (2005a), Nutzen, Download 22.07.2005 http://de.wikipedia.org/wiki/Nutzen

Wikipedia (2005b), IT-Architektur, Download 28.07.2005 http://de.wikipedia.org/wiki/IT-Architektur

Wild, M., Herges, S. (2000), Total Cost of ownership(TCO)-Ein Überblick, Universität Mainz, Download 02.05.2005 http://geb.uni-giessen.de/geb/volltexte/2004/1577/

Witte, T. (1985), Über die Wirtschaftlichkeit von Simulationsmodellen zur Entscheidungsunterstützung, in: Ballwieser, W., Berger, K.-H., Information und Wirtschaftlichkeit, Gabler-Verlag, Wiesbaden

Wöhe, G., Döring, U. (1978), Einführung in die Allgemeine Betriebswirtschaftslehre, Vahlen-Verlag, Wiesbaden

Wolf, K., Holm, C. (1998), Total Cost of Ownership: Kennzahl oder Konzept? in: IM Information Management (2/1998), S. 19-23

Zangenmeister, C. (1976), Nutzwertanalyse in der Systemtechnik, Wittmannsche Buchhandlung, München

Zangenmeister, C. (2000), Erweiterte Wirtschaftlichkeitsanalyse (EWA), Schriftenreihe der Bundesanstalt für Arbeitsschutz und Arbeitsmedizin

ACE COST ANALYZER

ACE Home Start Analysis Resources Questions & Contact

START ANALYSIS

Home > Access Suite > In-Depth Analysis

The ACE Cost Analyzer fills in default values automatically based on industry averages. Default values can be overwritten with data specific to the user's computing environment.

Step 1: Human Resources Data Calculations Explained

*Number of working days in a year: 230

For each of the following entries, note that the compensation includes the salary, cost of pension, insurance, and all other benefits

*Average compensation and all other benefits of an end-user	56,000	EUR
*Average compensation and all other benefits of a Windows administrator	60,000	EUR
*Average compensation and all other benefits of a HelpDesk administrator	66,000	EUR
*Average compensation and all other benefits of a UNIX administrator	0	EUR

*Denotes a required field

Progress Indicator

1 2 3 4 5 6 7 8 9 NEXT CALCULATE & REPORT

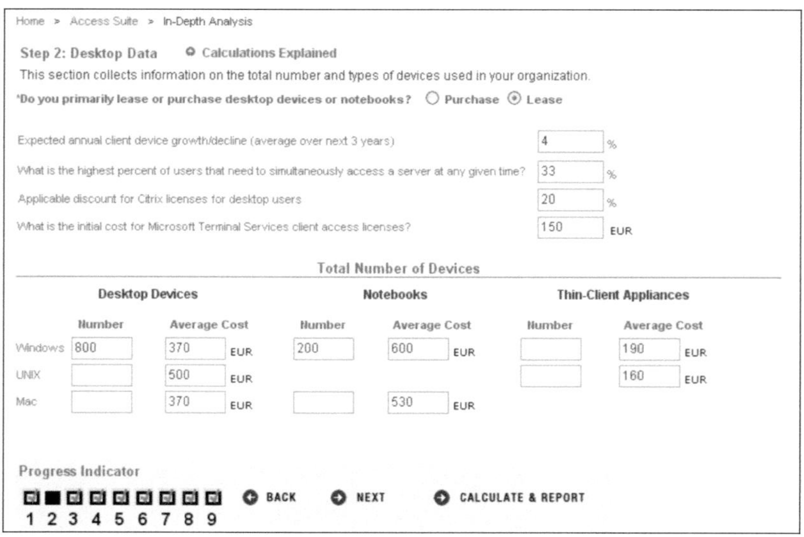

Home > Access Suite > In-Depth Analysis

Step 2: Desktop Data Calculations Explained

This section collects information on the total number and types of devices used in your organization.

***Do you primarily lease or purchase desktop devices or notebooks?** ○ Purchase ⦿ Lease

Expected annual client device growth/decline (average over next 3 years)	4	%
What is the highest percent of users that need to simultaneously access a server at any given time?	33	%
Applicable discount for Citrix licenses for desktop users	20	%
What is the initial cost for Microsoft Terminal Services client access licenses?	150	EUR

Total Number of Devices

	Desktop Devices		Notebooks		Thin-Client Appliances	
	Number	Average Cost	Number	Average Cost	Number	Average Cost
Windows	800	370 EUR	200	600 EUR		190 EUR
UNIX		500 EUR				160 EUR
Mac		370 EUR		530 EUR		

Progress Indicator

1 2 3 4 5 6 7 8 9 BACK NEXT CALCULATE & REPORT

ACE Home Start Analysis Resources Questions & Contact

START ANALYSIS

Home > Access Suite > In-Depth Analysis

Step 3: Network Infrastructure Costs Calculations Explained

*Does your organization plan on using either Secure Access Manager or the Secure Gateway and Web Interface features of Presentation server? ⦿ Yes ○ No

By utilizing SSL/TLS encrypted internet connections in concert with Citrix Presentation Server or Citrix Secure Access Manager, your organization may be able to realize substantial cost savings in current WAN infrastructure costs. However, in the interest of simplicity, the ACE Cost Analyzer output reports will simply populate the Network Infrastructure Costs category with zeros to reflect that the adoption of Citrix will typically not require a WAN expansion or additional capital expenditure.

Progress Indicator

1 2 3 4 5 6 7 8 9 BACK NEXT CALCULATE & REPORT

Home > Access Suite > In-Depth Analysis

Step 4A: Application Publication via the Web Calculations Explained

Citrix Presentation Server for Windows and UNIX enables the publication of desktop and client/server applications via the web without rewriting any code. These applications may either be purchased 3rd party applications or custom in-house developed applications. The following information is used for calculating the economic impact of Citrix Presentation Server.

Purchased Client/Server Applications

Number of purchased client/server applications your organization *intends* to publish via the Web	10	
Average **per user** cost of upgrading a purchased client/server application to a Web-enabled version	40	EUR

In-House Developed Applications

Number of in-house developed client/server applications your organization *intends* to publish via the Web	5	
Average cost of upgrading an in-house developed application to a Web-enabled version	80,000	EUR

By placing the cursor on this icon a user may obtain usage tips in the following screens

Progress Indicator

1 2 3 4 5 6 7 8 9 BACK NEXT CALCULATE & REPORT

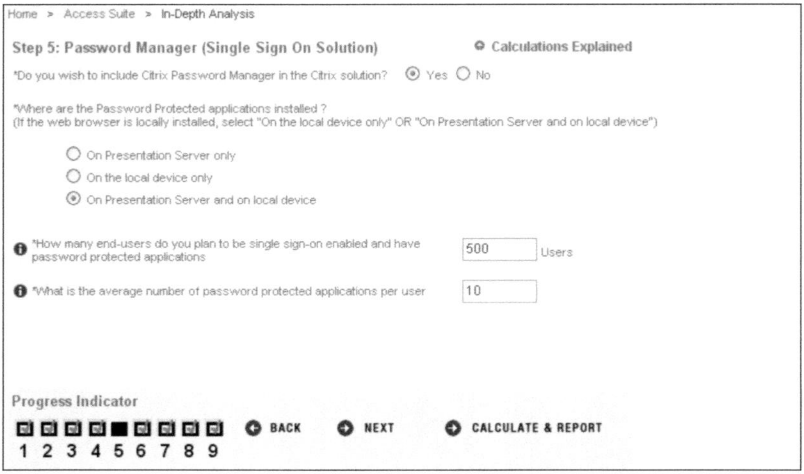
Home > Access Suite > In-Depth Analysis
Step 5: Password Manager (Single Sign On Solution)
Calculations Explained
*Do you wish to include Citrix Password Manager in the Citrix solution?
Yes
No
*Where are the Password Protected applications installed ?
(If the web browser is locally installed, select "On the local device only" OR "On Presentation Server and on local device")
On Presentation Server only
On the local device only
On Presentation Server and on local device
*How many end-users do you plan to be single sign-on enabled and have password protected applications
500
Users
*What is the average number of password protected applications per user
10
Progress Indicator
BACK
NEXT
CALCULATE & REPORT
1 2 3 4 5 6 7 8 9

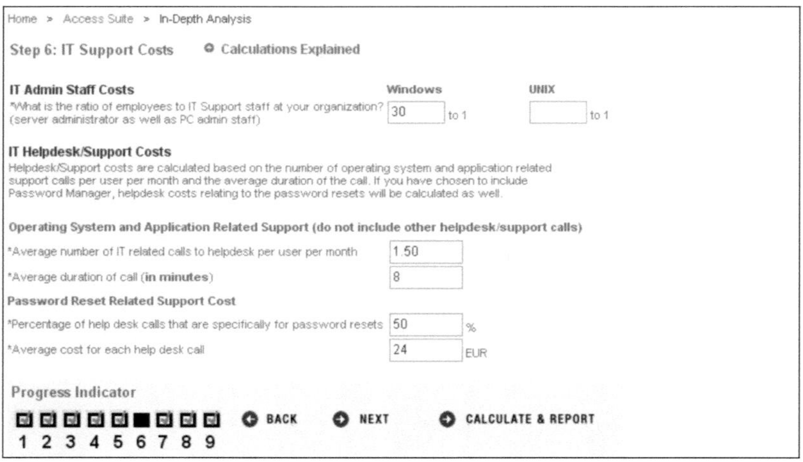
Home > Access Suite > In-Depth Analysis
Step 6: IT Support Costs
Calculations Explained
IT Admin Staff Costs
Windows
UNIX
*What is the ratio of employees to IT Support staff at your organization? (server administrator as well as PC admin staff)
30
to 1
to 1
IT Helpdesk/Support Costs
Helpdesk/Support costs are calculated based on the number of operating system and application related support calls per user per month and the average duration of the call. If you have chosen to include Password Manager, helpdesk costs relating to the password resets will be calculated as well.
Operating System and Application Related Support (do not include other helpdesk/support calls)
*Average number of IT related calls to helpdesk per user per month
1.50
*Average duration of call (in minutes)
8
Password Reset Related Support Cost
*Percentage of help desk calls that are specifically for password resets
50
%
*Average cost for each help desk call
24
EUR
Progress Indicator
BACK
NEXT
CALCULATE & REPORT
1 2 3 4 5 6 7 8 9

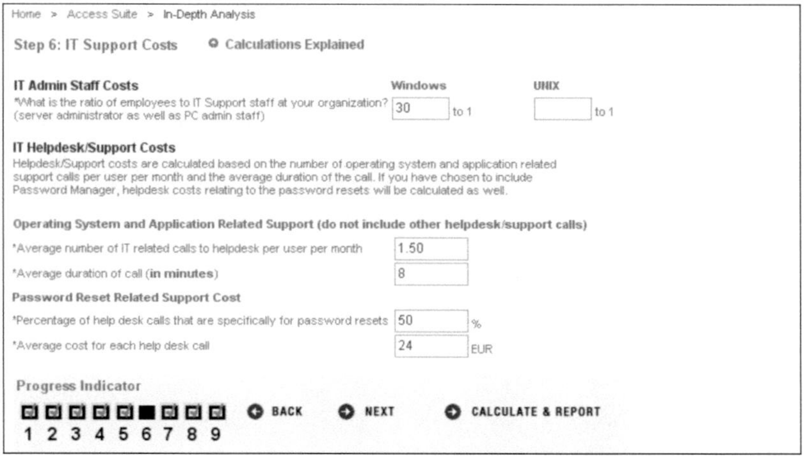
Home > Access Suite > In-Depth Analysis
Step 6: IT Support Costs
Calculations Explained
IT Admin Staff Costs
Windows
UNIX
*What is the ratio of employees to IT Support staff at your organization? (server administrator as well as PC admin staff)
30
to 1
to 1
IT Helpdesk/Support Costs
Helpdesk/Support costs are calculated based on the number of operating system and application related support calls per user per month and the average duration of the call. If you have chosen to include Password Manager, helpdesk costs relating to the password resets will be calculated as well.
Operating System and Application Related Support (do not include other helpdesk/support calls)
*Average number of IT related calls to helpdesk per user per month
1.50
*Average duration of call (in minutes)
8
Password Reset Related Support Cost
*Percentage of help desk calls that are specifically for password resets
50
%
*Average cost for each help desk call
24
EUR
Progress Indicator
BACK
NEXT
CALCULATE & REPORT
1 2 3 4 5 6 7 8 9

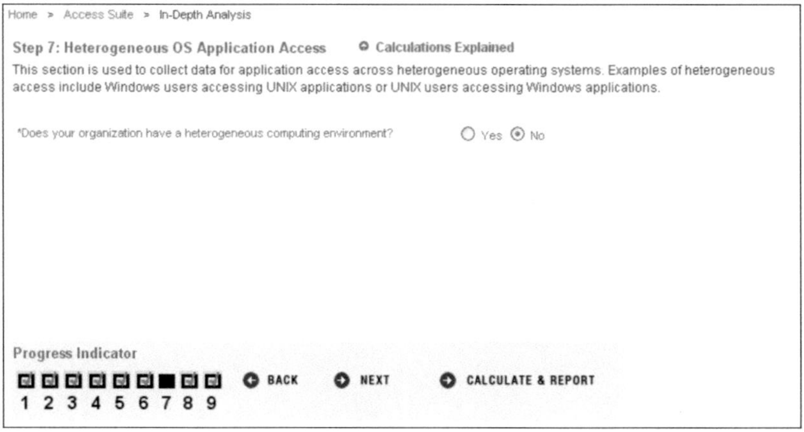
Home > Access Suite > In-Depth Analysis
Step 7: Heterogeneous OS Application Access
Calculations Explained
This section is used to collect data for application access across heterogeneous operating systems. Examples of heterogeneous access include Windows users accessing UNIX applications or UNIX users accessing Windows applications.
*Does your organization have a heterogeneous computing environment?
Yes
No
Progress Indicator
BACK
NEXT
CALCULATE & REPORT
1 2 3 4 5 6 7 8 9

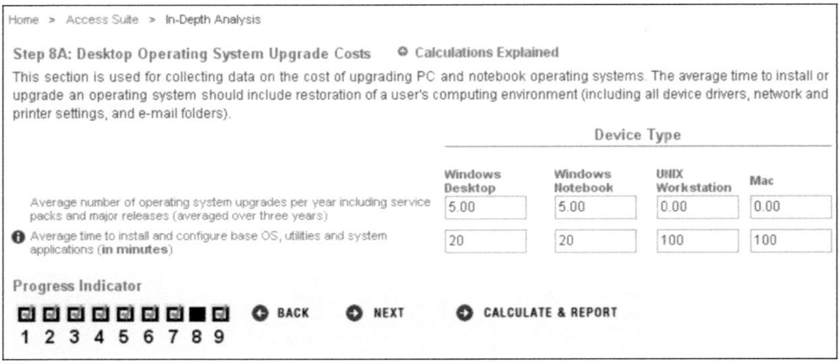

Home > Access Suite > In-Depth Analysis

Step 8A: Desktop Operating System Upgrade Costs Calculations Explained

This section is used for collecting data on the cost of upgrading PC and notebook operating systems. The average time to install or upgrade an operating system should include restoration of a user's computing environment (including all device drivers, network and printer settings, and e-mail folders).

	Device Type			
	Windows Desktop	Windows Notebook	UNIX Workstation	Mac
Average number of operating system upgrades per year including service packs and major releases (averaged over three years)	5.00	5.00	0.00	0.00
Average time to install and configure base OS, utilities and system applications (**in minutes**)	20	20	100	100

Progress Indicator

1 2 3 4 5 6 7 8 9 BACK NEXT CALCULATE & REPORT

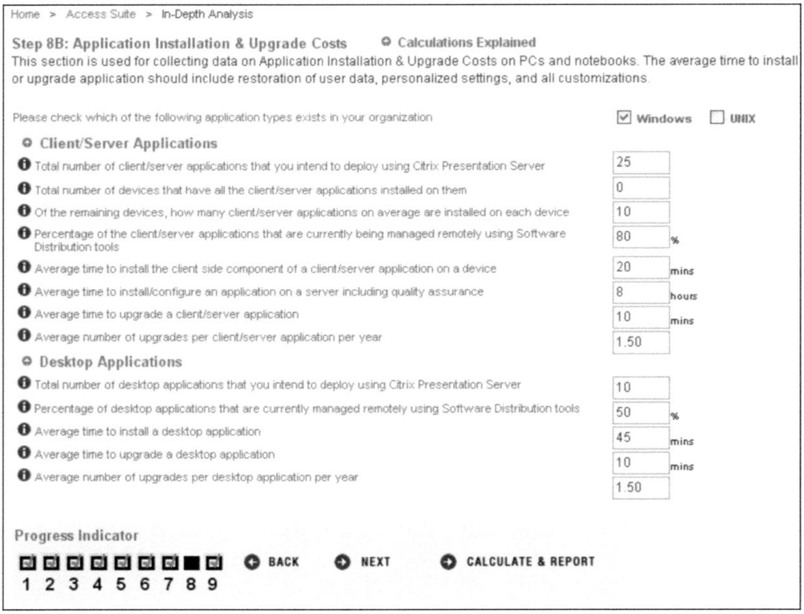

Home > Access Suite > In-Depth Analysis

Step 8B: Application Installation & Upgrade Costs Calculations Explained

This section is used for collecting data on Application Installation & Upgrade Costs on PCs and notebooks. The average time to install or upgrade application should include restoration of user data, personalized settings, and all customizations.

Please check which of the following application types exists in your organization ☑ Windows ☐ UNIX

Client/Server Applications

Total number of client/server applications that you intend to deploy using Citrix Presentation Server	25	
Total number of devices that have all the client/server applications installed on them	0	
Of the remaining devices, how many client/server applications on average are installed on each device	10	
Percentage of the client/server applications that are currently being managed remotely using Software Distribution tools	80	%
Average time to install the client side component of a client/server application on a device	20	mins
Average time to install/configure an application on a server including quality assurance	8	hours
Average time to upgrade a client/server application	10	mins
Average number of upgrades per client/server application per year	1.50	

Desktop Applications

Total number of desktop applications that you intend to deploy using Citrix Presentation Server	10	
Percentage of desktop applications that are currently managed remotely using Software Distribution tools	50	%
Average time to install a desktop application	45	mins
Average time to upgrade a desktop application	10	mins
Average number of upgrades per desktop application per year	1.50	

Progress Indicator

1 2 3 4 5 6 7 8 9 BACK NEXT CALCULATE & REPORT

Home > Access Suite > In-Depth Analysis

Step 8C: Additional Desktop Administration & Energy Costs Calculations Explained

This section contains data on the cost associated with a systems administrator who must travel to end-user locations to manually install applications and operating systems.

Desktop Administration Costs

Average travel time for administrator to visit the end-user location	5	minutes
Desktops configured/applications installed per visit	10	
Desktops/applications upgraded per visit	5	
Average number of hours spent performing quality assurance on a new application prior to deployment	40	hours

Energy Costs

Energy Costs: By using Thin-Client hardware, a user can save substantial amounts on energy costs. A user can choose to include energy savings for a 100% Thin-Client hardware configuration.

*Would you like to include energy cost savings for the 100% Thin-Client configuration ? ○ Yes ⦿ No

Progress Indicator

1 2 3 4 5 6 7 8 9 BACK NEXT CALCULATE & REPORT

Home > Access Suite > In-Depth Analysis

Step 9A: Server Costs Calculations Explained

This section collects data pertaining to servers. It includes the base price of a server with operating system, support and maintenance costs, and the cost of monitoring, managing, and operating each server.

Based on the current or planned usage of Citrix Presentation Server Software, how would you categorize the user population at your organization?. Also breakout the associated number of concurrent users, as well as the average cost of server hardware (server hardware costs include OS, however exclude backup hardware).

	Windows			UNIX		
	Distribution of Users	Avg. # of Users Per Server	Average Cost of Server	Distribution of Users	Avg. # of Users Per Server	Average Cost of Server
Light	30 %	50	6,500 EUR	%	70	8,740 EUR
Medium	50 %	35	6,500 EUR	%	50	8,740 EUR
Heavy	20 %	20	6,500 EUR	%	30	8,740 EUR

	Windows	UNIX
Annual cost of system monitoring tools and utility software for the Citrix servers in the data center	30,000 EUR	EUR

*What is the speed of your network within the data center? ○ 10/100 ⦿ Gigabit

Progress Indicator

1 2 3 4 5 6 7 8 9 BACK NEXT CALCULATE & REPORT

Home > Access Suite > In-Depth Analysis
Step 9B: External Services for Citrix Solution Deployment
Calculations Explained
*Do you plan to use external services (System Integrator, Consultant, etc.) for the initial installation and configuration of the Citrix solution?
Yes No
Cost of the following:
Analysis 50,000 EUR
Design 30,000 EUR
Build & Test 0 EUR
Rollout 0 EUR
Progress Indicator
1 2 3 4 5 6 7 8 9
BACK
CALCULATE & REPORT